KB080489

강나루 쌤의
진로 수업
레시피

(주) 삼양미디어

머리말

2012년에 진로 교사가 된 이후 오로지 진로 수업만 생각했다. 잠자리에 누워서 잠들기 전까지 수업을 생각했고, 안양천에서 파워워킹을 하면서도, 집 뒤 관악산 자락을 트레킹하면서도 수업만 생각했다.

의미 있는 수업을 어떻게 재미있게 할 수 있을까? 어떻게 하면 아이들도 재미있고 교사인 나도 행복한 수업을 할 수 있을까? 무엇을 가르쳐야 하나? 어떻게 가르쳐야 할까? 어떻게 하면 학생 중심, 활동 중심, 배움 중심 수업을 할 수 있을까?

생각해 보면 '무엇을'보다 '어떻게'에 집중한 것 같다. 수업 내용을 어떻게 전달할지 방법적인 측면에 있어 다양한 수업 방법, 즉 수업 레시피를 만들기에 집중했다. 레시피가 다양해야 맛있는 요리가 나올 수 있는 것처럼 수업 방법이 다양해야 수업은 더욱 즐거워지고 학생들의 사고는 훨씬 다양해질 수 있기 때문이다.

하나의 수업안을 열 번 이상 수정하고 보완하고 새롭게 설계했다. 종국엔 신기하게도 내 마음에 꼭 드는 수업안이 만들어진다. 그러나 만들어진 수업안을 가지고 자신 있게 교실에 들어가 아이들과 활동하다 보면 어딘가 부족함을 느낀다. 다시 수정하고 적용하고, 학년의 모든 반 수업이 끝날 때까지 적용하고 수정하기를 반복했다.

함께 하는 아이들이 즐겁게 수업에 참여하기 시작했다. 즐거워하는 아이들을 보며 수업을 마치고 교실에서 나올 때는 나도 덩달아 행복했다. 교사는 교실에서 아이들과 함께 행복할 때 진정으로 행복하다는 걸 안다. 그것이 힐링이고 교사의 생명일 것이다.

진로 교사들과도 나의 수업 레시피를 공유하고 싶어졌다. 그래서 수업 레시피를 나누기 시작했다. 처음에는 진로 교사 카페에 수업 레시피를 하나씩 올리기 시작했고, 거의 2년 동안 매주 200여 명의 진로 교사에게 메일로 수업 레시피를 보내주기도 했다.

지금은 '함께하는 행복한 진로 수업'이라는 카페와 밴드를 만들어 2015년 수업 자료부터 2020년 코로나 19로 인한 원격 수업 컨텐츠까지 모든 수업 자료와 진로 업무 관련 자료, 진학 자료, 소소한 나의 일상 이야기까지 기록하고 있다. 여기에는 진로 교사만이 아니라 진로 수업을 하는 중·고등학교 일반교사까지 3,000명 가까운 선생님들이 서로의 자료를 공유하고 있다.

지금까지의 다양한 진로 수업 자료를 모아 한 권의 책에 담고자 한다. 이 책이 행복한 진로 수업을 위해 고민하는 많은 선생님들에게 도움이 되길 바란다. 또한 자녀의 진로를 고민하는 학부모라면 아이와 함께 재미있고 다양한 진로 레시피로 흥미있는 진로 탐색 활동을 할 수 있을 것이다. 그리고 무엇보다 우리 아이들이 자신의 흥미와 적성, 일과 직업 세계를 이해하여 자신의 진로를 디자인하고 준비할 수 있기를 응원한다.

2020. 10. 10.

행복한 진로 수업을 나누고 싶은 강정임

목차

• 나 이해하기 •

MEMO

01

Speak Yourself!

이번 활동은 학년 초나 진로와 직업 수업의 첫 시간에 하면 좋은 활동으로 새로운 친구들을 만나 어색하고 서먹한 분위기를 서로에 대한 호기심과 관심으로 바꾸어 서로 간의 친밀감을 형성하는 데 도움을 줄 수 있습니다. 각자 자신을 소개하는 여러 가지 정보 중에서 거짓 정보 한 개를 포함하여 작성한 후, 친구들과 돌아가며 수수께끼를 풀듯 서로의 거짓 정보를 찾아내는 과정을 통해 서로를 알아가는 시간이 될 수 있습니다.

준비물 활동지, 스티커(또는 붙임쪽지), 나를 소개합니다 포스터(또는 A1 사이즈 두꺼운 종이나 3M 이젤패드), 압정 등

▶ 영상을 시청하고 연설 내용 중 마음에 남는 문장을 적어 보자.

> **제목** 방탄소년단(BTS)의 유엔 연설
>
> **내용** 방탄소년단이 국제연합(UN)의 청소년 지원 행사에 참석해 'Speak Yourself(여러분의 이야기를 들려주세요.)'라는 주제로 연설한 영상이다.
>
> **출처** https://www.youtube.com/watch?v=BEWrppTjPX0 (06:46)

1 자기 소개를 위한 OX 문장 만들기

오른쪽을 참고하여 자신을 소개하는 5개의 문장을 작성해 보자. 여기에는 반드시 자신에 대한 거짓 정보 한 가지가 포함되어야 한다.

> 나의 버릇, 장단점, 소망, 존경하는 사람, 외모, 좋아하는 색깔, 좋아하는 음식, 내가 원하는 직업, 성격, 특기, 취미, 경험담, 사건 사고, 가족, 건강, 공부 등

나 [   ] 은(는)

1. _____
2. _____
3. _____
4. _____
5. _____

2 자기 소개 OX 퀴즈를 통해, 서로 알아가기

• 교실을 돌아 다니며 3명의 친구를 만나 자기 소개 OX 퀴즈를 해 보자.

• 자기 소개 OX 퀴즈를 하면서 알게 된 친구의 특성을 간단히 정리하고, 전체적으로 자기 소개 OX 퀴즈를 한다.

• 자기 소개 OX 퀴즈의 거짓 정보 1가지를 올바른 정보로 수정해서 스티커에 나의 소개글 5가지를 적고, 칠판에 부착된 포스터 위에 붙인다.

친구 이름	새롭게 알게 된 친구의 특성

수업 진행 레시피

 도입 **10분**

① 자기 자신에 대해 생각하면서 영상을 시청하도록 안내한다.

영상 소개

2018년 9월 25일, 방탄소년단(BTS)은 국제연합(UN)의 청소년 지원 행사에 참석해 'Speak Yourself(여러분의 이야기를 들려주세요.)'라는 주제로 연설을 했다. 한국 가수로는 최초로 유엔 총회에서 한 연설이라 큰 화제가 되었는데, 이 연설은 청소년들에게 희망을 전하는 감동적인 메시지를 담고 있다. 특히 본인들의 실제 경험을 바탕으로 내용을 구성하여 청소년들이 쉽게 공감할 수 있다.

자기 자신을 진정으로 사랑하기 위해서는 다른 사람이 보는 내 자신이 아니라, 본인 스스로 자신에 대해 말하는 것이 중요합니다.

제 안에 작은 목소리가 들렸습니다.

저는 오늘의 나든, 어제의 나든, 앞으로 되고 싶은 나든, 내 자신을 사랑하게 됐습니다.

깨어나, 너 자신한테 귀를 기울여!

무엇이 여러분의 심장을 뛰게 만듭니까?

여러분 자신에 대해 말하면서 여러분의 이름과 목소리를 찾으세요.

② 영상 시청이 끝나면 영상 속의 내용 중 마음에 남는 문장을 적는다.

③ 자신이 적은 문장을 소리내어 읽어보도록 한다.

④ 2~3명 정도 발표하도록 한다.

실수와 잘못 또한 내 자신이며 내 삶의 별자리에 가장 밝은 별을 만들어 냅니다.

현재의 나, 과거의 나, 되고 싶은 미래의 나까지 포함해 내 자신을 사랑하게 되었습니다.

당신의 목소리를 내고 여러분의 이름과 목소리를 찾으세요.

step 1 자기 소개를 위한 OX 문장 만들기

❶ 교사가 먼저 자신에 대해 5개의 문제를 낸다.
- 거짓 정보가 무엇인지 학생들에게 질문하고, 왜 그렇게 생각했는지 이유를 물어본다.
- 한 문제씩 간단히 설명을 하며 교사에 대한 소개를 한다.

❷ 활동지에 자신의 특성을 5개의 문장으로 적되, 4개의 참과 1개의 거짓이 포함되도록 작성한다.

> 나 [백○○] 은
>
> 1. 손톱을 물어 뜯는 버릇이 있다. _____
> 2. 줄넘기하는 것을 좋아한다. _____
> 3. 25세 누나가 있다. _____
> 4. 해외 여행을 가본 적이 없다. _____
> 5. 호랑이를 좋아한다. _____

TIP
- 교사가 미리 PPT를 만들거나 스케치 북에 적어서 제시합니다.
- 교사에 대한 퀴즈를 통해 자연스럽게 교사에 대한 소개를 할 수 있고, 이후 활동에 대한 흥미를 이끌어 낼 수 있습니다.

명백하고 뻔한 사실이나 추상적인 내용, 또는 부정적인 내용은 적지 않도록 안내합니다.
예 나는 여자다, 나는 전생에 공주였을 것이다, 나는 게으르다, 나는 거짓말을 잘한다 등

step 2 자기 소개 OX 퀴즈를 통해 서로 알아가기

❶ 교실을 돌아다니며 3명의 친구를 만나 자기 소개 OX 퀴즈를 한다.

❷ 자기 소개 OX 퀴즈를 하면서 알게 된 친구의 특성을 간단히 정리한다.

친구 이름	새롭게 알게 된 친구의 특성
이시우	시우는 캐나다로 어학연수를 다녀온 적이 있다.
김나예	나예는 피자를 좋아하지 않는다.
이진아	진아는 매운 음식을 싫어한다.

❸ 학급 전체가 자기 소개 OX 퀴즈를 한다.
- 먼저 발표하고 싶은 학생에게 발표할 기회를 준다.
- 발표가 끝나면 어떤 내용이 거짓 정보인지 다른 학생들이 이야기 한다.
- 5~6명 정도의 의견을 듣고 정답을 말한다.

발표한 학생이 자기 소개 OX 퀴즈를 했던 3명을 제외하고 정답을 맞힐 학생을 지명하게 합니다.

❹ 발표가 끝나면 거짓 정보를 올바른 정보로 수정한다.
❺ 수정된 5개의 문장(모두 올바른 내용)을 붙임쪽지나 스티커에 적는다.

큰 글씨로 또박또박 깨끗하게 적고, 색펜으로 예쁘게 쓰도록 안내합니다.

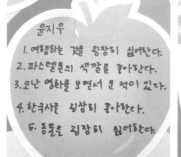

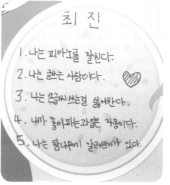

⑥ 포스터 판이나 큰 종이에 붙임쪽지나 스티커를 붙인다.

⑦ 교사가 포스터 판이나 큰 종이에 붙어있는 붙임쪽지나 스티커를 떼어 읽어 주고, 누구인지 알아맞히는 게임을 한다(3~4명 정도).

• 학기 초에 환경 게시물로 사용해도 좋습니다.
• 학부모 총회나 학부모 상담 시 자녀에 대한 정보를 보여 줄 수 있습니다.

• 반 전체 자기 소개 ○× 퀴즈에서 발표하지 않은 사람으로 대상자를 정한다.

⑧ 교실에 게시하여 친구들에 대해 알아보는 시간을 갖는다.

정리 5분

① 활동 후에 친구에 대해 새롭게 알게 된 사실을 3~4명 정도 발표하도록 한다.

② 다음 수업 시간에 배울 내용을 간략히 소개하고, 필요한 준비물이 있으면 안내한다.

02
Make Your Dream!

   평생 한 번쯤 해 보고 싶은 일, 혹은 죽기 전에 해야 할 일들을 적은 목록을 버킷 리스트라고 합니다. 이번 활동은 자신의 버킷 리스트를 적어 보면서 본인이 진정으로 원하는 꿈이 무엇인지 알 수 있고, 그러기 위해서는 지금 이 시간을 어떻게 가치 있게 쓸 것인가를 생각해 볼 수 있는 활동입니다. 또한 이 활동을 통해 나온 '내 인생의 버킷 리스트'를 서로 공유하는 시간을 가짐으로써 친구들의 꿈에 대해서도 알 수 있을 것입니다.

준비물 활동지, 스티커나 붙임쪽지, 버킷 리스트 트리 용지(또는 A1 사이즈 두꺼운 종이 또는 이젤패드)

▶ 영상을 시청하고 주인공이 생각하는 꿈이란 무엇인지 적어 보자.

제목	Make Your Dream!
내용	꿈쟁이 김수영이 자신의 꿈을 이루면서 사람들에게 희망을 전하는 이야기를 소개한다.
출처	https://www.youtube.com/watch?v=Km9ZqHratDs&feature=youtu.be (03:36)

Ⅱ ▶Ⅰ ◀》 ──▌─────── HD ⌈＋⌉

_____

_____

↻ 두근두근! 버킷 리스트에 나의 꿈 담아 보기

• 죽기 전에 꼭 이루고 싶은 꿈 30개를 구체적이고 상세하게 적는다.

• 꿈을 달성할 목표 시기(연도나 나이)를 쓴다.

• 30개의 꿈 중에서 정말로 이루고 싶은 꿈 10개를 형광펜으로 표시한다.

• 10개의 꿈을 스티커나 붙임쪽지에 적어 버킷 리스트 포스터에 붙인다.

1	2	3	4	5
6	7	8	9	10
11	12	13	14	15
16	17	18	19	20
21	22	23	23	25
26	27	28	29	30

수업 진행 레시피

 도입 **10** 분

❶ 자신의 꿈에 대해 생각하면서 영상을 시청하도록 안내한다.

> **영상 소개**
>
> 가출소녀, 불량학생, 반항아. 그것이 꿈도 목표도 없던 중학생 시절의 김수영이다. 열일곱 살에 처음으로 가지게 된 기자라는 꿈을 사람들은 어림없는 꿈이라며 비웃는다. 하지만 꿈을 놓지 않고 남들이 버린 문제집을 주워 악착같이 공부하고 모두가 불가능할 거라고 했던 대학에 합격하여 10대 시절의 꿈은 현실이 된다. 대학 졸업 후 다국적 투자 은행 골드만 삭스에 입사했지만 암 진단에 충격을 받아, 죽기 전에 하고 싶은 자신의 꿈 73개를 담은 버킷 리스트를 만들었고 전 세계를 무대로 꿈을 이루어 나간다.
>
> 그녀는 다른 사람들과도 꿈을 나누고 싶어 1년 동안 세계를 돌며 365명의 사람과 그들의 꿈과 만난다. 세상엔 다양한 꿈들이 있었고, 그 누구의 꿈도 시시한 꿈은 없었다. 꿈은 다시 새로운 꿈을 낳는다. 83개로 늘어난 꿈의 목록 그 꿈을 향해 계속 걸어가는 꿈 전도사 김수영의 이야기다.

❷ 질문에 대한 답을 적는다.

- 꿈은 인생의 징검다리 같은 역할을 한다. 꿈을 이루면서 나의 인생의 방향이 결정되고 한걸음 나가면서 삶도 발전한다. 소소한 꿈일지라도 황당한 꿈일지라도 도전하면서 자신감을 바탕으로 더욱 큰 꿈도 이룰 수 있다.

❸ 꿈쟁이 김수영의 꿈(버킷 리스트)에 대해 소개한다.

- 부모님께 집 사드리기, 살사퀸으로 무대에 서기, 라틴아메리카 여행하기, 진짜 비즈니스 배우기, 뮤지컬 무대에 서기, 발리우드 영화 출연하기, 한 분야의 전문가 되기, 사람들의 삶에 도움이 되는 책 쓰기, 육로로 실크로드 여행하기, 킬리만자로 오르기, 마라톤 도전하기, 전문가급 사진작가 되기, 중국어 배우기, 스페인어 배우기, 스노우보드 배우기, 요가 강사 자격증 취득하기, 개발도상국에서 자원봉사하기 등

❹ 버킷 리스트의 의미에 대해 설명한다.

- 버킷 리스트(Bucket List)란 인생을 살면서 한번쯤 해 보고 싶은 일 또는 죽기 전에 꼭 해 보고 싶은 일의 목록을 말한다. 중세 유럽에서 교수형을 시킬 때 죄수의 목에 줄을 건 후에 죄수가 딛고 있던 버킷을 발로 차면 죽음을 맞이하게 되는데, 그들에게 버킷은 삶과 죽음을 연결하고 있는 매개체였던 것이다. 우리의 삶에도 언젠가 버킷이 없어질 날이 올 것이고, 그날이 오기 전에 하고 싶은 일을 꼼꼼하게 적어 하나씩 실천해 나가는 것이 버킷 리스트다.

step1 버킷 리스트에 나의 꿈을 담기

❶ 죽기 전에 꼭 이루고 싶은 꿈 30가지를 구체적이고 상세하게 적는다.
  • 가보고 싶은 곳, 먹고 싶은 것, 하고 싶은 것 등을 주제별로 정할 수 있도록 설명한다.
❷ 꼭 적어야 할 내용과 적어서는 안 되는 것을 설명한다.
❸ 꿈을 달성할 목표 시기(연도나 나이)도 함께 쓰도록 한다.
❹ 목록을 작성할 시간을 정해 준다.
❺ 교실을 돌아다니며 학생들이 쓴 내용들을 몇 개씩 읽어 준다.
❻ 친구들의 꿈을 듣고 나도 하고 싶은 것이 있다면 따라서 적을 수 있도록 설명한다.

미래학자들의 주장에 의하면 미래 사회는 사람들이 최소한 5~6개, 많게는 40~50개의 직업을 갖는다고 합니다. 각자 하고 싶은 목록 중에 2~3개 정도는 직업명이 나올 수 있도록 안내합니다.

반사회적인 행동, 즉 자신이나 타인, 사회, 국가, 인류에 해가 되는 행동 등의 내용은 안 된다는 것을 꼭 설명합니다.
예 테러 단체 가입하기, 세계 정복하기, 친구 뺨때리기 등

step2 버킷 리스트 10가지 고르기

❶ 나의 버킷 리스트 중 꼭 이루고 싶은 10개를 골라 형광펜으로 표시한다.

1	2	3	4	5
교육대학 진학하기 (20세)	노래 동아리 가입하기(17세)	스노우보드 타기 (17세)	일본어 능력시험에 도전하기(17세)	유럽 여행하기 (25세)

6	7	8	9	10
친구들과 여행가기 (20세)	초등학교 교사되기 (24세)	해외에 가서 친구 사귀기(28세)	결혼하기 (30세)	혼자 살아보기 (27세)

11	12	13	14	15
건강하기 (평생)	도움이 필요한 곳에 후원하기(20세)	1년 동안 해외에서 살기(40세)	반려동물 키우기 (28세)	크루즈 여행하기 (50세)

16	17	18	19	20
고소공포증 극복하기 (평생)	혼자서 케이크 만들기 (16세)	나만의 가게 열기 (65세)	운전면허 취득하기 (21세)	부모님 해외여행 보내드리기(28세)

21	22	23	24	25
침대사기(15)	드론 조종해 보기(18)	염색해 보기 (17세)	가구 만들어 보기 (45세)	전원주택에서 살기 (60세)

26	27	28	29	30
바리스타 자격증 취득하기(35세)	자전거로 여행 하기(25세)	가수 오디션 나가보기 (22세)	자서전 집필하기 (70세)	사진작가 되어 전시회 하기(55세)

❷ 선택한 10개의 버킷 리스트를 스티커에 적는다.

- 7가지 색깔의 스티커를 교탁에 놓고 원하는 걸 골라서 적어 보도록 해요.
- 스티커가 준비되지 않았으면, 예쁜 모양의 붙임쪽지를 사용해도 좋아요.

내 꿈은 소중하니까, 하나씩 꼼꼼하게 적어야지.

나의 버킷 리스트를 꼭 이루고 싶다.

1학년 2반 10번 정○○

① 혼자 살아보기(27세)
② 애니메이션 제작해 보기 (45세)
③ 책 출판하기(30대)
④ 운전면허 취득하기 (25세)
⑤ 미대 진학하기(20세)
⑥ 웹툰 연재하기(30세)
⑦ 토익 만점 맞아보기 (30세 이전)
⑧ 건강하기(평생)
⑨ 세계일주하기 (40대)
⑩ 봉사활동하기(50대)

1학년 5반 20번 임△△

① 교육대학 진학하기 (20세)
② 노래동아리 가입하기 (17세)
③ 결혼하기(30세)
④ 반려동물 키우기(28세)
⑤ 크루즈 여행하기(50세)
⑥ 고소공포증 극복하기(평생)
⑦ 나만의 가게 열기 (65세)
⑧ 전원주택에서 살기 (60세)
⑨ 가수 오디션 나가기 (22세)
⑩ 사진전에 작품 출품하기 (55세)

❸ 버킷 리스트를 포스터에 붙인다.

❹ 포스터를 교실에 게시하고 다른 친구들의 버킷 리스트 내용도 알아보도록 안내한다.

친구들의 버킷 리스트가 정말 다양하네.

우성아, 버킷 리스트 멋지다!

- 학생들이 원하는 위치에 직접 붙이게 합니다.
- 포스터가 준비되지 않았으면, A1사이즈 전지나 이젤패드에 붙여도 좋습니다.
- step2는 버킷 리스트 10개를 골라 *비주얼 싱킹으로 진행할 수도 있습니다.

*비주얼 싱킹(visual thinking): 자신의 생각을 글과 그림으로 표현하는 것으로 그림을 잘 그리거나 못 그리는 것은 중요하지 않다. 자신의 생각을 짧은 글과 함께 쉽고 간단한 이모티콘이나 그림으로 표현한다(19쪽 예시 참조).

step 3 버킷 리스트 발표하기

① 3~5명 정도 자신의 버킷 리스트 5가지를 발표한다.
② 발표한 내용에 대해 질문하도록 한다.

TIP

모든 학생들에게 가장 이루고 싶은 최고의 꿈을 하나씩 발표하게 하고, 발표가 끝나면 한 명을 호명해서 그 학생의 꿈이 무엇인지 다른 학생들이 맞히는 게임을 할 수도 있어요.

정리 5분

① 자신의 버킷 리스트는 하고 싶은 일이 생길 때마다 추가해서 적도록 안내한다.
② 다음 수업 시간에 배울 내용을 간략히 소개하고, 필요한 준비물이 있으면 안내한다.

TIP

환경 미화에 활용해도 좋습니다.

MEMO

03

보물 친구 찾기

인생을 살면서 친구는 우리에게 없어서는 안 되는 보물 같은 존재입니다. 이번 활동은 내 주변의 친구들이 서로 어떻게 같고 어떻게 다른지를 알아볼 수 있는 활동입니다. 서로에게 질문하고 답을 하면서 자연스럽게 친구에 대해 알 수 있을 것입니다. 이러한 활동을 통해 학기 초의 서먹한 분위기를 없애고, 친구들과 좀 더 친해지는 계기가 될 것입니다.

준비물 활동지, 사인펜이나 색연필 등

▶ 영상을 시청한 후 친구에 대한 명언 중 마음에 남는 글을 적어 보자.

제목	너랑 나랑
내용	친구는 어릴 때부터 늙을 때까지 평생을 함께하는 존재로 친구 사이의 우정에 대한 내용이다.
출처	https://www.youtube.com/watch?v=9eeTJemne00&t=219s (05:26)

⏸ ⏭ 🔊 ▬▬▬▬   HD ⛶

_____

_____

🔄 보물 친구 찾는 빙고 게임하기

· 첫 번째 칸에 자신과 관련된 질문을 만들어 적고 자신의 이름을 적는다.
· 질문에 해당하는 친구를 이미 알고 있다면 질문 아래에 이름을 바로 적는다.
· 교실을 돌아다니면서 친구에게 여러 가지 내용을 질문한다.
· 내용에 해당하는 친구를 만나면 이름을 적는다(이름은 중복되지 않도록 한 명의 친구만 적는다).
· 친구의 이름으로 빙고 게임을 한다(2빙고).

	나와 같은 초등학교를 졸업한 친구	나와 혈액형이 같은 친구	나와 태어난 달이 같은 친구
좋아하는 색깔이 같은 친구	이름에 나와 같은 글자가 들어 있는 친구	나와 장래 희망 직업이 같은 친구	나와 취미가 같은 친구
나와 같은 운동을 좋아하는 친구	좋아하는 음식이나 과일이 같은 친구	동생이 있는 친구	악기를 연주할 수 있는 친구
노래 부르기를 좋아하는 친구	안경 쓴 친구	일주일에 책을 한 권 이상 읽는 친구	축구를 잘하는 친구

수업 진행 레시피

도입 8분

① 친구의 존재에 대해 생각하면서 영상을 시청하도록 안내한다.

 영상 소개

> 친구와 관련된 여러 가지 명언이 제시되어 있는 영상이다. 친구라는 존재는 어릴 때부터 늙을 때까지 즐거운 일도 슬픈 일도 함께 감정을 나누고 공유하는 소중한 존재라는 것을 이야기하고 있다.

② 영상 시청이 끝나면 영상 내용 중 마음에 남는 문장을 쓰고 발표한다.

③ 2~3명 정도 친구의 존재를 어떻게 생각하는지 발표하도록 한다.

전개 32분

step 1 보물 친구 찾기

① 첫 번째 칸에 자신과 관련된 질문을 만들어 적고 자신의 이름을 적는다. ◎ 치즈를 좋아하는 친구, 연예인을 좋아하는 친구, 키가 160cm 이상인 친구, 고양이를 키우는 친구 등

② 교실을 돌아다니면서 친구에게 질문을 한다.

③ 질문에 해당하는 친구의 이름을 질문 아래에 적는다.
- 이름이 중복되지 않도록 하나의 내용에 친구 한 명의 이름을 적는다.

- 친구를 만나서 질문할 때는 한 가지만 질문하지 않고, 여러 가지를 질문해야 질문에 해당하는 친구를 쉽게 찾을 수 있다고 안내합니다.
- 한 사람씩 일어나서 전체 학생을 대상으로 질문하는 시간을 줘도 좋습니다. 질문에 해당하는 친구를 찾지 못했다면 전체적으로 질문을 해서 적도록 합니다.

step 2 빙고 게임하기

● 친구의 이름으로 빙고 게임을 한다.

- 가로, 세로, 대각선으로 2빙고가 되도록 빙고 게임을 한다.
- 처음에는 교사가 지명한 학생이 시작한다.
- 가능하면 남학생은 여학생을, 여학생은 남학생을 지명하 도록 한다.
- 2빙고가 되면 '빙고'를 외치도록 안내한다.

내용이 아니라 이름 빙고를 합니다. 예를 들면 '나와 혈액형이 같은 친구 김세령'이 라고 하면, 김세령이라는 이름에 표시를 합니다. 즉, 김세령이라는 이름이 어떤 내 용에 있든 상관 없이 표시를 합니다. 그리 고 김세령이 일어나서 '악기를 연주할 수 있는 친구 백혜빈'이라고 외칩니다. 그러면 백혜빈이라는 이름에 동그라미를 하고, 백 혜빈이 이어서 빙고 게임을 계속합니다.

고양이를 키우는 친구 김아연	나와 같은 초등학교를 졸업한 친구 서현시	나와 혈액형이 같은 친구 김세령	나와 태어난 달이 같은 친구 김미정
좋아하는 색깔이 같은 친구 김영준	이름에 나와 같은 글자가 들어 있는 친구 최미정	나와 장래 희망 직업이 같은 친구 이채현	나와 취미가 같은 친구 조은별
나와 같은 운동을 좋아하는 친구 방주하	좋아하는 음식이나 과일이 같은 친구 백다은	동생이 있는 친구 이시영	악기를 연주할 수 있는 친구 박혜빈
노래 부르기를 좋아하는 친구 임수아	안경 쓴 친구 백은빈	일주일에 책을 한 권 이상 읽는 친구 김예나	축구를 잘하는 친구 박주하

- 제시된 질문이 아닌 전체 학생들의 의견을 하나씩 받아서 활동지를 작성해서 빙고 게임을 해도 좋습니다.
- 시간에 따라 3빙고, 4빙고 또는 ㄱ빙고, ㅁ빙고도 할 수 있어요.

정리 5분

① 활동 후에 새롭게 알게된 친구의 특징이나 성격에 있다면 발표해 보도록 한다.

② 다음 수업 시간에 배울 내용을 간략히 소개하고, 필요한 준비물이 있으면 안내한다.

04

다섯 손가락으로 나 표현하기

우리 신체 중 가장 친숙한 부위인 자신의 손을 종이 위에 그려서 자신을 표현하는 활동을 통해 즐거운 놀이를 체험할 수 있습니다. 자신이 그린 손 모양에 다양한 표정과 머리 스타일을 그리고 다양한 질문에 대답을 쓰거나 내용을 정리하면서 자신의 감정과 특성을 이해할 수 있고, 자기 소개를 통해 친구의 특성에 대해서도 알 수 있습니다.

준비물 활동지(A4 용지), 색연필, 사인펜, 코팅한 표정 샘플 등

▶ **다음 내용을 읽고 다섯 손가락으로 나를 표현해 보자.**

· 활동지 위에 손을 올려놓고 손 모양을 따라 그린다.

· 손바닥 가운데에 자신을 표현하는 말과 이름을 쓰고, 캐릭터를 그린다.

· 손톱 위치에 표정 이모티콘과 손가락 끝에 머리 모양을 그린다.

· 손가락에 나를 표현하는 말을 쓴다.

　　예 나의 꿈, 내가 잘하는 것, 내가 좋아하는 것, 고치고 싶은 성격, 올해에 이루고 싶은 것 등

· 손가락에는 반지, 손목에는 시계나 팔찌 등을 그려 손을 꾸민다.

수업 진행 레시피

 **도입** 5분

1. 전체적인 활동 방법을 설명한다.
2. 활동지 앞면이 좁거나 그리다가 잘못 그릴 경우 뒷면에 제목과 이름을 쓰고 이용하도록 안내한다.

전개 35분

step 1 다섯 손가락에 얼굴 표정과 머리 스타일을 그리기

1. 활동지에 손을 올려놓고 손 모양을 따라 그린다.
2. 사인펜을 이용하여 손목까지 그린다.
3. 손바닥에 자신을 표현하는 말을 쓰고 캐릭터를 그린다.
   - 자신을 4~5 글자로 표현하고 이름을 쓴다.
     예) 미소천사 이ㅇㅇ, 척척박사 박ㅇㅇ, 긍정소녀 김ㅇㅇ, 지식인 황ㅇㅇ, 꿈꾸는 영신 등
   - 4~5 글자가 어려우면 간단히 꾸며 주는 말로 표현한다.
4. 손가락을 캐릭터, 문양, 하트 등을 이용하여 꾸민다.
   - 손가락 첫째 마디나 손톱 위치 정도에 표정 이모티콘과 헤어스타일을 그린다.
   - 마음에 드는 표정이나 자신의 감정 상태를 나타내는 이모티콘을 선택해서 그린다.
5. 손목과 손가락을 꾸민다.
   - 손목에 시계나 팔찌, 손가락에 반지 등을 그려 손을 예쁘게 꾸민다.

손가락을 오므리지 말고 쫙 펴서 그려야 그림을 그리거나 글을 쓰기가 수월해요.

긍정소녀 김○○의 모습을 소개합니다!!

내가 누구인지 제대로 표현해 주겠어!

- 얼굴 표정과 머리 모양을 양면 인쇄하고 코팅해서 1인당 1개씩 나누어 줍니다(끝나면 회수).
- 미술 시간이 아니므로 그림에만 집중하지 말고 정해진 시간 내에 표현하도록 안내해요.
- 수갑 등 부정적인 것을 그리면 안 된다고 말해 주세요. 얘기하지 않으면 그리는 학생이 꼭 있습니다.

step 2 다섯 손가락에 나를 표현하는 말 적어 보기

① 다섯 손가락에 질문과 답을 적되, 질문과 답을 다른 색으로 쓰도록 한다.

② 답이 여러 개이면 적을 수 있을 만큼 적도록 한다.
  • 첫 번째 손가락: 나의 꿈은?
  • 두 번째 손가락: 내가 잘하는 것은?
  • 세 번째 손가락: 내가 좋아하는 것은?
  • 네 번째 손가락: 고치고 싶은 성격 또는 버릇은?
  • 다섯 번째 손가락: 올해 안에 꼭 이루고 싶은 것은?

③ 완성하는 대로 한 명씩 가지고 나와 칠판에 부착한다.

TIP
• 질문은 자유롭게 정해도 좋아요. 그리고 이 활동이 제일 중요하니 집중할 수 있도록 강조해 주세요.
• 질문과 답은 손가락 안에 써도 되고 손가락 밖에 써도 됩니다.

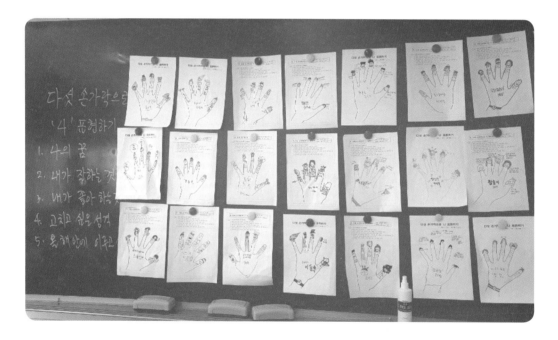

step 3 표현한 내용을 발표하고 질문 받기

① 수업 완료 10분 정도 남겨놓고 발표를 시작한다.
  • 아직 완성하지 못한 학생은 계속 만들도록 하고, 완성한 학생들 먼저 발표한다.

② 발표하는 학생은 칠판에 붙어있는 자신의 활동지를 떼어 낸 후 발표한다.

저는 미소천사
이○○입니다. 저의 꿈은
교사입니다.

- 먼저 손바닥의 내용부터 말한다.

  예 저는 지식인 황○○입니다.

- 손가락에 적은 다섯 가지를 차례대로 발표한다.
- 발표가 끝나면 2명에게 질문을 받는다.

- 질문을 하게 하면 더 열심히 듣는 것 같아요.
- 발표하는 학생이 질문하는 학생을 선택하도록 합니다.

① 수업이 끝나면 학생 작품은 교실이나 복도 등 적당한 곳에 게시한다.

- 1~2주 정도 게시한 후 떼어서 자신의 파일에 넣도록 안내한다.

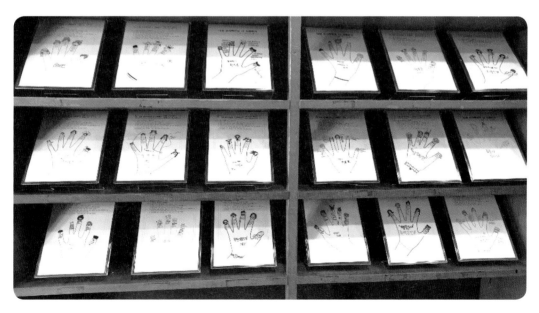

② 다음 수업 시간에 배울 내용을 간략히 소개하고, 필요한 준비물이 있으면 안내한다.

다섯 손가락으로 '나 표현하기' 예시

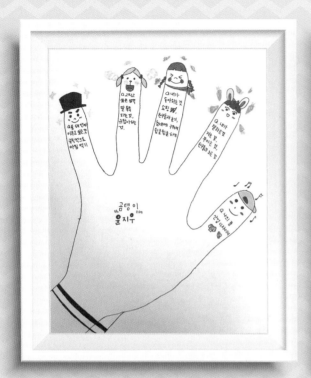

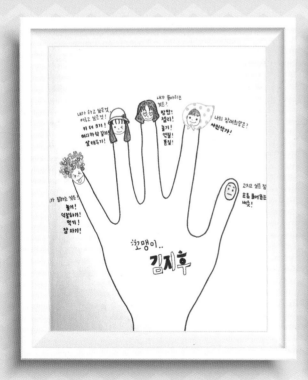

05

자신감 UP!
나의 장점 찾기

　　자신감이 높은 사람은 자신이 어떤 과제를 수행하거나 학습할 때 성공적으로 수행할 수 있다고 믿기 때문에 어려운 일도 꾸준히 도전하고 실패를 하더라도 크게 좌절하지 않습니다. 이번 활동에서는 '자신감 UP! 나의 장점 찾기' 활동을 통해 평소 관찰한 자신의 장점을 찾아봅니다. 또한 '친구와 함께 찾는 나의 장점' 활동을 통해 내가 보는 나의 모습과 다른 사람이 보는 나의 모습에서 자신의 장점을 찾을 수 있습니다.

준비물 활동지, 별모양 스티커(작은 사이즈로 1인당 5개), 형광펜 등
※스티커가 준비되지 않았으면 펜으로 그려도 가능함.

활동지

▶ 영상을 시청하고 자신감이란 무엇인지 적어 보자.

> **제목** 자신감에 왜 근거가 필요해?
>
> **내용** 자신감을 가지는 데 근거는 필요 없고, 셀프 토크를 통해 자신의 슬럼프를 해결할 수 있다는 내용이다.
>
> **출처** https://www.youtube.com/watch?v=dXNOrJwvTtU&feature=youtu.be (02:11)

⏸ ▶ 🔊 ▬▬▬▬▬▬▬▬▬▬   HD ⛶

_____

_____

1 자신감 UP! 나의 장점 찾기

• 평소 나의 장점을 구체적이고 상세하게 적는다.

• 단점이라고 생각하는 것도 장점으로 고쳐 적는다. 예산만하다 → 호기심이 많다.

• 30개의 장점 중 자신의 최대 장점이라고 생각하는 것 10개에 형광펜으로 표시한다.

1	2	3	4	5
6	7	8	9	10
11	12	13	14	15
16	17	18	19	20
21	22	23	23	25
26	27	28	29	30

2 친구와 함께 나의 장점 찾아보기

- 내가 생각하는 장점 5가지에 ★ 스티커를 붙인다(예시에 없는 장점은 빈칸에 적는다).
- 정해진 시간에 10명의 친구를 만난다.
- 만나면 서로 인사하고, 친구의 장점 5개에 ★을 그려 준다.
- 가장 많은 ★이 그려진 장점 5가지를 색깔펜으로 표시해 보자.

장점	★	장점	★
배려심이 많다.		의리있다.	
표정이 밝다.		재미있다.	
성격이 시원하다.		항상 적극적이다.	
정리정돈을 잘한다.		분명한 소신이 있다.	
유머가 풍부하다.		애교가 많고 사교적이다.	
리더십이 있다.		똑똑하고 공부를 잘한다.	
인사를 잘한다.		귀엽고 사랑스럽다.	
운동을 좋아한다.		다른 사람을 잘 도와준다.	
그림을 잘 그린다.		친구를 잘 사귄다.	
옷을 단정하게 입는다.		주변 사람을 즐겁게 한다.	
책임감이 강하다.		남의 이야기를 잘 들어 준다.	
정직하다.		마음이 따뜻하다.	
활동적이다.		차분하다.	
상식이 풍부하다.		다른 사람을 편안하게 해 준다.	

만난 친구 이름

- 내가 생각하는 나의 장점과 친구들이 찾아준 나의 장점을 비교해 보자.
- ★을 가장 많이 받은 장점으로 나를 표현하는 문장을 완성해 보자.
  예 나는 리더십이 있고 다른 사람의 말을 잘 들어주며 배려심이 많은 사람이다.

나는 _____ 사람이다.

도입 5분

① 자신감에 대해 생각하면서 영상을 시청하도록 한다.

영상 소개

많은 사람들은 다른 사람의 비난을 받기 싫어 자신의 꿈을 이야기하는 걸 두려워한다. 그러나 '왜 거기에서 벗어나지 못하는가?'를 진지하게 생각해 볼 필요가 있다. 슬럼프에 빠지거나 일이 잘 안될 때 셀프 토크가 중요하다. 즉, '넌 할 수 있다.', '너가 최고다.'를 계속 이야기하는 것은 슬럼프를 극복하는 데 도움이 될 것이다. 자신감이란 '나를 믿는 마음'이다. 나를 믿는 데 근거가 왜 필요한가? 근거 없이 자신을 믿고, 나의 권리와 자격은 스스로 만드는 것이다. 그냥 자신을 믿는 마음이 중요하다.

② 자신감이란 무엇이고 자신감을 가지려면 어떻게 해야 하는지 작성하고 발표한다.

• 자신감이란 자신을 믿는 마음이다. 자신감을 가지려면 '넌 할 수 있어'., '너가 최고야.'라는 셀프 토크가 필요하다.

전개 35분

step 1 자신감 UP! 나의 장점 찾기

① 평소 나의 장점을 구체적이고 상세하게 적는다.

• 아무리 사소한 것이라도 자신의 장점이라고 생각되면 바로 적는다.

나의 장점이 생각보다 많네.

TIP

• 장점 목록 50가지를 제공해서 장점 작성에 도움을 줄 수 있습니다(이 목록은 활동 전에 교사와 학생들이 직접 작성해도 좋아요).
• 학생들이 자신의 장점을 적는 동안 교실을 돌아다니며, 학생들의 장점을 몇 개씩 읽어 줘도 좋습니다.

장점 목록 50가지

1. 길을 잘 찾는다.
2. 뭐든지 잘 먹는다.
3. 잘 웃는다.
4. 매사에 적극적이다.
5. 책을 많이 읽는다.
6. 정리정돈을 잘한다.
7. 팔다리가 길다.
8. 인사를 잘한다.
9. 일기를 쓴다.
10. 유머가 풍부하다.
11. 잘 참는다.
12. 메모를 잘한다.
13. 잘못한 일은 인정할 줄 안다.
14. 사과를 잘한다.
15. 감사와 고마움의 표현을 잘한다.
16. 책임감이 강하다.
17. 공부를 열심히 한다.
18. 손재주가 좋다.
19. 다른 사람을 존중한다.
20. 아이를 좋아한다.
21. 강아지와 고양이를 좋아한다.
22. 친구를 잘 도와준다.
23. 칭찬을 잘한다.
24. 친구와 사이좋게 잘 지낸다.
25. 상식이 풍부하다.
26. 좋은 글을 보면 잘 옮겨 적는다.
27. 후회를 잘 하지 않는다.
28. 계획을 잘 세운다.
29. 친구 고민을 잘 들어준다.
30. 긍정적이다.
31. 사소한 일에도 행복을 느낀다.
32. 다른 사람의 취향을 존중한다.
33. 다른 사람의 생각이나 의견을 '틀렸다'보다는 '다르다'고 생각한다.
34. 혼자서도 잘 논다.
35. 라디오를 잘 듣는다.
36. 과일을 좋아한다.
37. 물을 자주 마신다.
38. 표현을 잘한다.
39. 나쁜 일은 잘 잊어 버린다.
40. 새로운 환경에 적응을 잘한다.
41. 혼자 영화관에 갈 수 있다.
42. 게임을 많이 하지 않는다.
43. 여행을 좋아한다.
44. 약속을 잘 지킨다.
45. 손을 자주 씻는다.
46. 질서를 잘 지킨다.
47. 낯가림이 없다.
48. 위급한 상황에서 결단력이 강하다.
49. 하고 싶은 게 많다.
50. 악기를 연주할 줄 안다.

❷ 단점이라고 생각하는 것도 장점으로 고쳐 적는다.

❸ 30개의 장점 중 자신의 최대 장점이라고 생각하는 것 10개에 형광펜으로 표시한다.

❹ 자신의 장점 10가지를 발표한다.

1	2	3	4	5
잘 웃는다.	요리를 잘한다.	인사를 잘한다.	노트 필기를 잘한다.	뭐든지 잘 먹는다.

6	7	8	9	10
검도를 좋아한다.	글쓰는 것을 좋아한다.	수업에 집중한다.	플룻을 연주할 수 있다.	뼈가 튼튼하다.

11	12	13	14	15
공간 감각이 있다.	활동적이다.	옷을 잘 입는다.	암기력이 좋다.	긴 머리가 잘 어울린다.

16	17	18	19	20
시를 좋아한다.	인내심이 있다.	학원을 빠지지 않는다.	여행을 좋아한다.	책임감이 있다.

21	22	23	23	25
목소리가 좋다.	캘리그래피를 쓸 수 있다.	음식을 남기지 않는다.	친구가 많다.	도전 정신이 있다.

26	27	28	29	30
나만의 목표가 있다.	봉사활동을 하고 있다.	다른 사람을 배려할 줄 안다.	청소를 잘한다.	저축을 잘한다.

step 2 친구와 함께 나의 장점 찾기

❶ 먼저 제시된 30개의 장점을 읽어 보고, 예시에 없는 나의 장점은 빈칸에 쓴다.

❷ 자신이 생각하는 장점 5가지에 ★스티커를 붙인다.

❸ 정해진 시간 10분 안에 10명의 친구를 만난다.
  • 친구를 만날 때마다 활동지에 이름을 적는다.

❹ 친구를 만나 서로 인사한다.
  예 "안녕, 친구야, 나의 장점을 찾아줘!"

❺ 친구의 활동지에 친구의 장점 5개를 찾아 색깔펜으로 별을 그려 준다.

• 장점에 스티커를 붙이면 자신이 생각하는 장점과 친구가 찾아주는 장점을 구분하기 쉽습니다.
• 만일 스티커가 준비되지 않았으면 친구들이 ★별을 그려 줄 펜과 구분되는 펜으로 ★을 그리도록 안내합니다.

• 시간에 따라 만나는 인원수는 조정해 줍니다.
• 남학생 5명, 여학생 5명으로 정해 주는 것이 좋습니다. 만일 그렇지 않으면 동성끼리만 할 수도 있어요

6 활동지를 받고 또 다른 친구를 만난다.
  • 헤어질 때는 "고마워 친구야."라고 인사한다.

7 같은 방법으로 10명의 친구를 만난다.

8 가장 많은 ★이 그려진 5개의 장점에 형광펜으로 표시해 본다.

친구들이 찾아준 장점 중 자신이 생각지 않았던 의외의 장점을 보며 학생들이 무척 좋아해요.

장점	★	장점	★
배려심이 많다.	★★★★★	의리 있다.	
표정이 밝다.		재미있다.	★
성격이 시원하다.		항상 적극적이다.	
정리정돈을 잘한다.		분명한 소신이 있다.	★★★
유머가 풍부하다.	★★★	애교가 많고 사교적이다.	
리더십이 있다.		똑똑하고 공부를 잘한다.	
인사를 잘한다.	★	귀엽고 사랑스럽다.	★
운동을 좋아 한다.		다른 사람을 잘 도와준다.	★★
그림을 잘 그린다.		친구를 쉽게 사귄다.	★
옷을 단정하게 입는다.	★★	주변 사람을 즐겁게 한다.	
책임감이 강하다.		남의 이야기를 잘 들어 준다.	★★
정직하다.	★★★	마음이 따뜻하다.	
활동적이다.		차분하다.	★★
상식이 풍부하다.		다른 사람을 편안하게 해 준다.	
시를 좋아한다.	★★	암기력이 좋다.	★★★★
저축을 잘한다.	★	음식을 남기지 않는다.	★

만난 친구 이름				
김종민	장현정	이채연	이은성	진예빈
최필립	김민성	박호준	오종수	장연지

9 내가 생각한 장점과 친구가 찾아준 장점을 비교해 보고, 공통점과 차이점을 2~3명 발표해 본다.

10 ★을 가장 많이 받은 장점으로 나를 표현하는 문장을 완성하고 발표한다.

  • 나는 배려심이 많고 유머가 풍부하며, 정직하고 분명한 소신이 있으며, 암기력이 좋은 사람이다.

1 오늘 수업한 것으로 끝내지 말고 평소 자신의 장점을 찾아 더 추가해서 써 보도록 한다.

2 가정에서 가족과 함께 장점 나누기 활동을 해 보도록 안내한다.

3 다음 수업 시간에 배울 내용을 간략히 소개하고 필요한 준비물이 있으면 안내한다.

MEMO

06

단점,
그러나 장점!

    사람은 누구나 단점과 장점이 있으며, 단점은 부정적인 것이고 장점은 긍정적인 것이라는 인식을 가지고 있습니다. 이번 활동은 평소 자신의 단점이라고 생각했던 것을 장점으로 바꾸어 단점도 얼마든지 장점이 될 수 있다는 것을 알아보는 활동입니다. 그리고 자신이 가지고 있는 원래의 장점과 새롭게 찾은 장점을 활용하여 나의 장점시를 지어 보고, 스스로 자아존중감을 높여서 자신의 꿈에 희망을 갖는 시간이 될 것입니다.

준비물 활동지, 다양한 색깔의 색지. 칠판용 자석 등

▶ 영상을 보면서 샌드위치 가게는 단점을 어떻게 장점으로 바꾸었는지 적어 보자.

> **제목** 단점을 장점으로!
>
> **내용** 사람들의 접근이 쉽지 않은 7층에 위치한 샌드위치 가게가 지리적인 단점을 어떻게 극복했는지 소개한다.
>
> **출처** https://www.youtube.com/watch?v=FnpyKM2_UJM(02:22)
>
> ⏸ ⏭ 🔊 ▬▬▬▬ ▬▬   HD ⛶

_____

_____

1 단점 찾아보기

자신의 단점이라고 생각할 수 있는 것을 찾아 체크해 보자(예시에 없는 내용은 빈칸에 쓴다).

☐ 말이 많다.	☐ 나서기 좋아한다.	☐ 줏대*가 없다.	☐ 자기중심적이다.
☐ 공격적이다.	☐ 외모에 신경을 많이 쓴다.	☐ 욕심이 많다.	☐ 부끄러움이 많다.
☐ 신경질적이다.	☐ 우유부단하다.	☐ 말수가 적다.	☐ 자신감이 없다.
☐ 잘난 체한다.	☐ 집중을 잘 못한다.	☐ 행동이 느리다.	☐ 잘 따진다.
☐ 의존적이다.	☐ 변덕이 심하다.		

*줏대: 자기의 처지나 생각을 꿋꿋이 지키고 내세우는 성질

2 단점을 장점으로 바꾸기

· 평소 나의 단점을 적고 어떻게 장점으로 바꿀 수 있을지 친구 3명에게 조언을 구해 보자.

· 친구의 조언을 참고해서 자신의 단점을 장점이 되도록 바꿔 보자(예시 참고).

나의 단점이라 생각하는 것	친구의 조언	장점으로 바꾸기

> **예시**
>
> · 겸손한   · 재치 있는   · 소신 있는   · 꿈이 있는   · 조화를 중시하는
> · 적극적인   · 발표력이 있는   · 합리적인   · 깔끔한   · 의욕적인
> · 활동적인   · 협조적인   · 주관이 분명한   · 논리적인   · 리더십이 있는
> · 침착한   · 신중한   · 진취적인   · 자신 있는   · 패션 감각이 있는
>   · 감정이 풍부한   · 사고의 전환이 빠른   · 차분한   · 객관적인

3 나를 표현해 보기

다음 글을 소리 내어 읽으면서 감상하고 '너도 그렇다.'를 '나도 그렇다.'로 바꾸어 써 보자.

> 자세히 보아야 예쁘다.
> 오래 보아야 사랑스럽다.
> 너도 그렇다.
>
> 〈풀꽃, 나태주〉

4 나의 장점시 써 보기

다음 예시를 참고하여 나의 장점과 단점을 활용한 나만의 장점시를 쓰고 그림으로 꾸며 보자.

예시

나는 나를 사랑한다.

강○○

운동을 좋아하고
에너지가 넘치는 건강한
나를 나는 사랑한다.

때론 우유부단하여
결정이 어렵긴 하지만
신중하고 소신 있게 판단하는
나를 나는 사랑한다.

늘 열정적이고
미래를 꿈꾸는
나를 나는 사랑한다.

수업 진행 레시피

 도입 5분

① 자신의 단점과 장점을 생각하면서 영상을 시청하도록 안내한다.

영상 소개

　　건물의 7층에서 샌드위치를 낙하산에 달아서 던져주면 손님은 지정된
장소에서 샌드위치를 받아서 먹는다. 하늘에서 내려오는 샌드위치를 기다
리는 짜릿한 경험을 한 번 맛보고 나면 자꾸 하늘을 쳐다보게 된다고 한다.
　　샌드위치 가게를 내기엔 누가 봐도 불리한 7층에 오히려 장점이 된 호주의
샌드위치 판매점 제플슈츠. 테이블도 의자도 없지만 거리가 모두 제플슈츠의 매장이 되었
다. 불리한 단점 때문에 고민하고 있다면 불리하다고 생각했던 단점을 장점으로 뒤집어서
누구도 상상하지 못했던 특별한 경험을 만들 수 있다.

② 샌드위치 판매점 제플슈츠는 단점을 장점으로 어떻게 바꿀 수 있었는지 활동지에 적고 발표한다.

- 샌드위치를 낙하산에 달아 떨어뜨려서 손님이 직접 받도록 하였다.
- 사람들에게 단순히 샌드위치만 판 것이 아니라 재미와 즐거움도 함께 선사하였다.
- 샌드위치를 받는 과정이 주변 사람들에게 자연스럽게 노출되어서 광고 효과도 누릴 수 있었다.
- 발상의 전환을 통해 불리한 조건을 유리하게 적용하였다.

 **전개** 35분

step 1 단점 찾아보기

① 자신의 단점이라고 생각할 수 있는 것을 찾아 표시한다.

② 예시에 없는 내용은 빈칸에 적는다.

☐ 말이 많다.	☑ 나서기 좋아한다.	☐ 줏대*가 없다.	☐ 자기중심적이다.
☐ 공격적이다.	☐ 외모에 신경을 많이 쓴다.	☐ 욕심이 많다.	☐ 부끄러움이 많다.
☐ 신경질적이다.	☐ 우유부단하다.	☐ 말수가 적다.	☐ 자신감이 없다.
☐ 잘난 체한다.	☑ 집중을 잘 못한다.	☐ 행동이 느리다.	☐ 잘 따진다.
☐ 의존적이다.	☑ 변덕이 심하다.	☑ 자아존중감이 낮다.	☑ 후회를 잘한다.

step 2 단점을 장점으로 바꾸기

① 평소 자신의 단점이나 약점이라고 생각하는 것을 한 가지 적는다.

② 나의 단점을 어떻게 장점으로 바꿀 수 있을지 친구 3명에게 조언을 구해 본다.

먼저 교사가 단점을 이야기하고 학생들에게 장점으로 바꿔 보라고 합니다.
• 교사: 우유부단해서 무언가를 결정하는 것이 어렵다.
• 학생: 신중하다, 실수가 적다, 올바른 판단을 할 가능성이 높다 등
3분 정도의 시간을 주고, 시간이 지나면 멈추도록 합니다.

오호라. 단점이 장점이 되다니. 신기하다!!

단점을 장점으로 바꾸는 게 쉽지 않네.

③ 자신의 단점이나 약점을 어떻게 단점으로 바꿀 수 있을지 친구의 조언과 제시된 예시를 참고해서 적는다.

나의 단점이라 생각하는 것	친구의 조언	장점으로 바꾸기
나서기 좋아한다.	• 행사가 있으면 적극 참여한다. • 친구들에게 먼저 인사한다. • 행사가 있으면 앞장서서 일을 한다.	• 모든 일에 적극적이다. • 대인 관계가 좋다. • 리더십이 있다.

④ 3~4명 정도 발표한다.

step 3 나를 표현하고 나의 장점시 써 보기

① 시를 소리 내어 읽으면서 감상해 보고, '너도 그렇다.'를 '나도 그렇다.'로 바꾸어 적어 보자.

• 3~5번 정도 함께 읽어 보고, 외울 수 있는 학생 몇 명에게 외워 보게 합니다.
• 좋은 시도 외울 수 있는 시간이 되었어요.

> 자세히 보아야 예쁘다.
> 오래 보아야 사랑스럽다.
> 나도 그렇다.

② 내가 찾은 나의 장점과 단점을 활용하여 장점시를 지어 보자.

③ 장점시를 활동지에 먼저 쓰고, 준비된 색지를 옮겨 적고 관련 있는 그림 등을 그려서 꾸며 본다.

④ 나의 장점시를 칠판에 부착한다.

• 자신의 장점 뿐 아니라 단점 같은 장점도 넣어서 3단락이 되게 만듭니다.
• 시간은 15분 정도 줍니다.

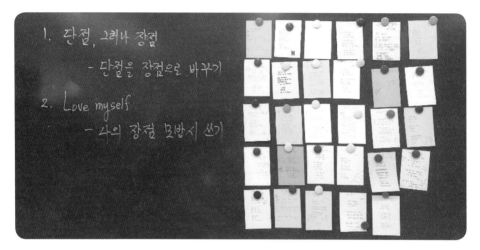

⑤ 칠판에 부착된 장점시 5~6개를 떼어서 누구인지 맞히기 게임을 한다.

⑥ 활동이 끝나면 교실에 부착해 놓는다.

교사가 먼저 시작하고, 누구인지 맞히는 학생이 이어서 합니다.

정리 (5분)

① 평소 자신의 장점과 강점을 발견하여 발전시키도록 노력하고, 단점이나 약점은 장점이 될 수 있도록 긍정적으로 생각하고, 또한 자신의 단점을 보완·발전시키려는 노력이 필요함을 말해 준다.

② 다음 차시부터는 본격적으로 자신의 특성에 대해 탐색한다는 것을 설명하고, 우선 자신의 흥미 탐색을 위해 '내가 좋아하는 것'을 20개 이상 적어오도록 과제를 부여한다.

나의 장점시 예시

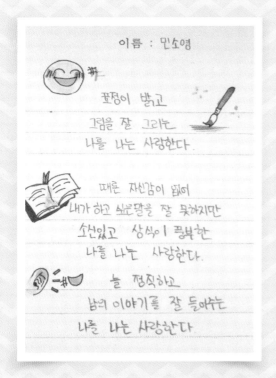

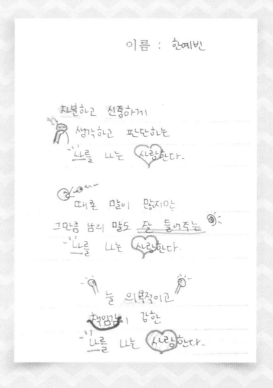

MEMO

07

나의 흥미 찾기

흥미란 어떤 일이나 활동에 대해 지속적으로 관심을 가지고 좋아하는 것으로, 사람들은 자신이 흥미를 느끼는 일이나 활동은 스스로 찾아서 하면서 즐거움을 느낍니다. 이처럼 흥미는 나의 심장을 뛰게 하고, 나를 스스로 움직이는 힘이 됩니다. 이번 시간에는 '흥미 자석 만들기'와 '나의 흥미 뇌 구조 그리기' 활동을 통해 자신이 관심 있는 흥미 분야에 대해 알 수 있으며, 친구와 비교해 보면서 흥미의 다양성에 대해서도 알 수 있습니다.

준비물 활동지, 색연필, 가위, 풀, 흥미 카드(부록 1) 등

▶ 영상을 시청하고 다음 물음에 답해 보자

제목 덕후는 어떻게 탄생하는가?

내용 어떤 분야에서 성공하는 데 있어 재미(흥미)가 얼마나 중요한 요소인지 소개한다.

출처 https://www.youtube.com/watch?v=qmLBJ6sTing&feature=youtu.be(04:15)

▐▐ ▶▌ ◀)) ━━━━━━━━   HD ⌜+⌟

• 리누스가 힘들여 만든 걸 무료로 배포한 이유는 무엇일까?

_____

• 리누스가 말하는 일을 하게 만드는 동기 유발 요인 3가지는 무엇인가?

_____

1️⃣ 나의 흥미 자석 만들기

• 흥미 카드를 첫째 줄은 빨간색, 둘째 줄은 주황색, 셋째 줄은 노란색, 넷째 줄은 초록색, 다섯째 줄은 파란색, 여섯째 줄은 보라색으로 칠하고 오린다.

• 싫어하는 흥미 카드는 왼쪽에, 좋아하는 흥미 카드는 오른쪽에 붙인다.

출처 커리어넷, 2015 창의적 진로 개발 활동지.

• 흥미 자석 활동 결과 가장 많은 색(홀랜드 흥미 유형)과 좋아하는 것을 적어 보자.

예 나는 실재형인 빨강색이 4개로 가장 많고, 그중에서도 운동하기와 동물 보살피기를 가장 좋아한다.

_____

• 각 카드 색깔이 의미하는 홀랜드 흥미 유형은 다음과 같다. 나의 흥미 유형에 색칠해 보자.

빨강	주황	노랑	초록	파랑	보라
실재형(R)	탐구형(I)	예술형(A)	사회형(S)	기업형(E)	관습형(C)

2 나의 흥미 뇌 구조 그리기

• 내가 가장 좋아하는 것부터 큰 구조에 적는다. 비슷한 내용은 한 칸에 여러 개 적어도 된다.

• 뇌 구조의 내용을 실재형은 빨간색, 탐구형은 주황색, 예술형은 노랑색, 사회형은 초록색, 기업형은 파란색, 관습형은 보라색으로 칠한다.

• 나의 흥미와 흥미를 살려서 하고 싶은 일을 적어 보자.

나는 _____ 에 가장 많은 흥미가 있고,

나의 흥미를 살려서 내가 하고 싶은 일은 _____

_____ 이다.

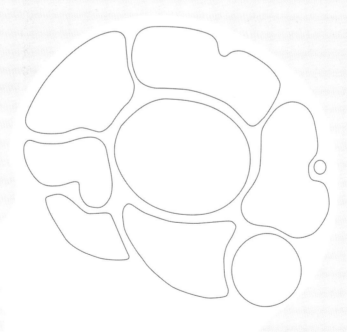

수업 진행 레시피

도입 **10**분

1️⃣ 부록 1의 자신의 흥미를 생각하면서 영상을 시청하도록 안내한다.

👨‍🦱 **영상 소개**

　　덕후란 특정 분야나 어떤 대상에 흥미를 느껴 집중적으로 파고드는 마니아를 말한다. 핀란드의 컴퓨터공학과 학생이었던 리누스는 취미 삼아 컴퓨터 운영 체제를 만들기 시작했다. 그는 형편이 어려워서 고가의 장비를 살 수 있는 처지가 아니었기 때문에 대형 PC에서 사용하는 코드를 수정해 개인 PC용 운영 체제를 만들었다. 그리고 자신의 이름을 따서 리눅스라 부르게 된다.

　　리눅스는 누구나 사용할 수 있는 공개형 운영 체제다. 그는 자신이 힘들여 만든 리눅스를 사람들에게 무료로 배포했는데, 그 이유는 재미로 만들었기 때문이라고 한다.

　　그는 일을 하게 만드는 동기 유발 요인으로 3가지를 들었는데, 그것은 생존, 사회생활, 재미다. 이 중에서도 제일 중요한 것이 재미라고 한다. 이 시대 최고의 능력자를 만드는 최고의 비결은 재미라고 할 수 있다.

Linux

2️⃣ 각각의 질문에 답을 적는다.

• 리누스가 힘들여 만든 걸 무료로 배포한 이유는 무엇일까?

　　단지 재미로 만들었기 때문에

• 리누스가 말하는 일을 하게 만드는 동기 유발 요인 3가지는 무엇인가?

　　생존, 사회생활, 재미

step 1 나의 흥미 자석 만들기

① 부록 1의 흥미 카드를 색칠한다.

- 첫째 줄은 빨간색, 둘째 줄은 주황색, 셋째 줄은 노란색, 넷째 줄은 초록색, 다섯째 줄은 파란색, 여섯째 줄은 보라색으로 칠하도록 안내한다.

글씨가 보일 수 있도록 색깔을 옅게 칠하도록 합니다.

② 색칠한 흥미 카드를 오린다.

- 흥미 카드를 오릴 때 한 개씩 오리지 말고 여러 장 겹쳐서 한꺼번에 오리면 더 빨리 자를 수 있다고 안내한다.

③ 싫어하는 흥미 카드는 싫어하는 칸에, 좋아하는 흥미 카드는 좋아하는 칸에 붙인다.

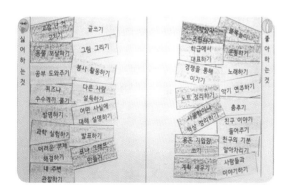

- 내가 더 좋아하는 것은 가장 오른쪽 자리로 붙이도록 합니다.
- 한 장씩 풀칠해서 붙이는 것보다 활동지에 풀을 칠하고 카드를 붙이면 빨리 할 수 있어요.
- 칸은 자유롭게 크기를 조절하도록 합니다.

④ 흥미 카드 활동 결과 가장 많은 색(홀랜드 흥미 유형)과 좋아하는 것을 적어 보자.
  • 4~5명 정도 발표하도록 한다.

⑤ 각 카드 색깔이 의미하는 홀랜드 흥미 유형은 다음과 같다. 나의 흥미 유형에 색칠해 본다.

빨강	주황	노랑	초록	파랑	보라
실재형(R)	탐구형(I)	예술형(A)	사회형(S)	기업형(E)	관습형(C)

step 2 나의 흥미 뇌 구조 그리기

① 내가 평소 좋아하고 관심이 많은 것을 뇌 구조에 적는다.
  • 가장 좋아하는 것부터 큰 구조에 적는다. 비슷한 내용은 한 칸에 여러 개 써도 된다.

② 54쪽을 참고하여 홀랜드 흥미 유형에 대해 설명한다.

③ 뇌 구조의 내용을 실재형은 빨간색, 탐구형은 주황색, 예술형은 노란색, 사회형은 초록색, 기업형은 파란색, 관습형은 보라색으로 칠하도록 안내한다.

④ 나의 흥미와, 흥미를 살려서 하고 싶은 일을 적어 보고 4~5명 정도 발표하도록 한다.
  • 나는 맛있는 거 먹기, 플롯 연주하기, 친구들과 놀기 에 가장 많은 흥미가 있고, 나의 흥미를 살려서 내가 하고 싶은 일은 플롯 강사 이다.

> • 색칠할 때 활동의 유형에 따라 칠하되, 선밖으로 조금씩 벗어나도 괜찮다고 말해 주세요.
> • 간단한 그림과 함께 표현하면 더 좋을 것 같다고 설명합니다.

① 평소 자신이 좋아하고 관심 있는 활동에 대한 관찰을 통해 자신의 흥미를 탐색한다.
  • 내가 좋아하는 과목과 활동은 무엇인가?
  • 나는 무엇을 할 때 즐겁고 행복한가?
  • 나는 무엇을 할 때 집중이 잘 되는가?
  • 나도 모르게 다른 사람들에게 말을 많이 하는 분야는 무엇인가?
  • 누가 시키지 않아도 알아서 하는 일은 무엇인가?

② 다음 수업 시간에 배울 내용을 간략히 소개하고, 필요한 준비물이 있으면 안내한다.

나의 흥미 뇌 구조 그리기 예시

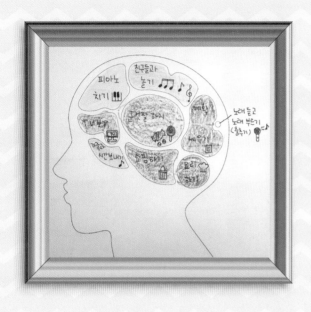

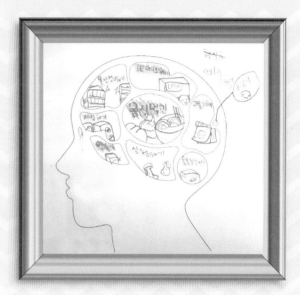

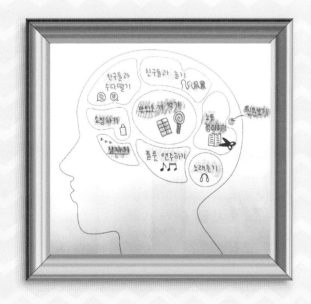

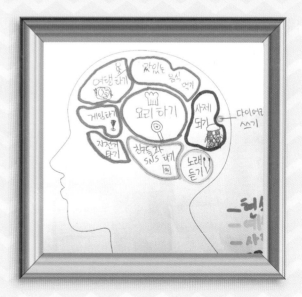

홀랜드 흥미 유형

R 실재형_Realistic

- **성격 특징**: 남성적이고, 솔직하고, 성실하며, 검소하고, 지구력이 있고, 신체적으로 건강하며, 소박하고, 말이 적으며, 고집이 있고, 단순하다.
- **선호하는 직업 활동**: 분명하고, 질서 정연하고, 체계적인 대상·연장·기계·동물들의 조작을 주로 하는 활동이나 신체적 기술들을 좋아하고, 교육적·치료적 활동은 좋아하지 않는다.
- **적성 및 유능감**: 기계적·운동적 능력은 있으나, 대인 관계 능력은 부족하다. 수공업, 농업, 전기, 기술적 능력은 높으나, 교육적 능력은 부족하다.
- **대표 직업**: 기술자, 자동 기계 및 항공기 조종사, 정비사, 농부, 엔지니어, 전기·기계기사, 운동선수 등

S 사회형_Social

- **성격 특징**: 사람들을 좋아하며, 어울리기 좋아하고, 친절하고, 이해심이 많으며, 남을 잘 도와주고, 봉사적이며, 감정적이고, 이상주의적이다.
- **선호하는 직업 활동**: 타인의 문제를 듣고 이해하고 도와주고 치료해 주고, 봉사하는 활동에 흥미를 보이지만 기계, 도구, 물질과 함께하는 명쾌하고, 질서 정연하고, 체계적인 활동에는 흥미가 없다.
- **적성 및 유능감**: 사회적·교육적 지도력과 대인 관계 능력은 있으나, 기계적·과학적·체계적 능력은 부족하다.
- **대표 직업**: 사회 복지사, 교육자, 간호사, 유치원 교사, 종교 지도자, 상담가, 임상 치료가, 언어 치료사 등

탐구형_Investigative

- **성격 특징**: 탐구심이 많고, 논리적·분석적·합리적이며, 정확하고, 지적 호기심이 많다. 비판적, 내성적이고, 수줍음을 잘 타며, 신중하다.
- **선호하는 직업 활동**: 관찰적·상징적·체계적이며, 물리적·생물학적·문화적 현상의 창조적인 탐구를 수반하는 활동에 흥미를 보이지만, 사회적이고 반복적인 활동에는 관심이 부족한 면이 있다.
- **적성 및 유능감**: 학구적·지적 자부심을 가지고 있으며, 수학적·과학적 능력은 높으나 지도력이나 설득력은 부족하다. 연구 능력이 높다.
- **대표 직업**: 과학자, 생물학자, 화학자, 물리학자, 인류학자, 지질학자, 의료 기술자, 의사 등

E 기업형_Enterprising

- **성격 특징**: 지배적이고, 통솔력·지도력이 있으며, 말을 잘한다. 설득적이며, 경쟁적, 야심적이며, 외향적이고, 낙관적이고, 열성적이다.
- **선호하는 직업 활동**: 조직의 목적과 경제적 이익을 얻기 위해 타인을 선도·계획·통제·관리하는 일과 그 결과로 얻어지는 위신, 인정, 권위를 얻는 활동을 좋아하지만, 관찰적·상징적·체계적 활동에는 흥미가 없다.
- **적성 및 유능감**: 적극적이며, 사회적이고, 지도력과 언어 능력은 있으나, 과학적인 능력은 부족하다. 대인간 설득적인 능력은 있으나, 체계적 능력은 부족하다.
- **대표 직업**: 기업 경영인, 정치가, 판사, 영업사원, 상품 구매인, 보험회사원, 판매원, 관리자, 연출가 등

A 예술형_Artistic

- **성격 특징**: 상상력이 풍부하고, 자유분방하며, 개방적이다. 감정이 풍부하고, 독창적이고, 개성이 강하고, 협동적이지 않다.
- **선호하는 직업 활동**: 예술적 창조와 표현, 변화와 다양성을 좋아하고, 틀에 박힌 것을 싫어한다. 모호하고 자유롭고, 상징적인 활동을 좋아하지만 명쾌하고, 체계적이고 구조화된 활동에는 흥미가 없다.
- **적성 및 유능감**: 미술적·음악적 능력은 있으나, 사무적 기술은 부족하다. 상징적·자유적·비체계적 능력은 있으나, 체계적·순서적 능력은 부족하다.
- **대표 직업**: 예술가, 작곡가, 음악가, 무대감독, 작가, 배우, 소설가, 미술가, 무용가, 디자이너 등

C 관습형_Conventional

- **성격 특징**: 정확하고, 빈틈없고, 조심성이 있으며, 세밀하고, 계획성이 있다. 변화를 좋아하지 않으며, 완고하고, 책임감이 강하다.
- **선호하는 직업 활동**: 정해진 원칙과 계획에 따라 자료를 기록·정리·조직하는 일을 좋아하고, 사무적·계산적 능력을 발휘하는 활동을 좋아한다. 창의적·자율적·모험적·비체계적 활동에는 흥미가 없다.
- **적성 및 유능감**: 사무적이며, 계산 능력은 있지만 예술적·상상적 능력은 부족하다. 체계적이며 정확성은 있으나, 탐구적, 독창적 능력은 부족하다.
- **대표 직업**: 공인 회계사, 경제 분석가, 은행원, 세무사, 경리 사원, 감사원, 안전 관리사, 사서, 법무사 등

08

사랑과 감사의 버튼 만들기

이번 활동은 어버이날과 스승의 날이 있는 5월에 부모님과 선생님께 감사와 사랑의 버튼을 만들어 전달하는 활동입니다. 먼저 부모님과 선생님을 칭찬하는 말을 적어 보고, 발표하는 시간을 통해 평소 느끼지 못했던 부모님과 선생님에 대한 관심과 사랑을 느낄 수 있습니다. 그리고 이러한 사랑과 감사의 마음을 직접 자신이 만든 버튼에 담아 전달함으로써 자신의 마음을 표현할 수 있는 기회가 될 것입니다.

준비물 활동지, 버튼 제작기, 버튼기 재료, 색연필, 사인펜, 다양한 모양의 스티커 등

▶ 영상을 시청하고 엄마가 울게 된 이유를 적어 보자.

> **제목** 엄마가 울었다.
>
> **내용** 학생들이 부모님을 관찰하고 칭찬 일기를 쓰면서 자식과 부모가 서로의 마음을 이해하게 된다.
>
> **출처** https://www.youtube.com/watch?v=SfMgG9O-0_M(05:08)
>
> ⏸ ⏭ 🔊 ━━━━━━   HD [+]

---

1 칭찬의 말 적어 보기

· 엄마, 아빠, 선생님을 칭찬하는 말을 적어 보자.

엄마 칭찬하기	아빠 칭찬하기	선생님 칭찬하기

2 사랑과 감사의 버튼 만들기

· 원형 색지에 엄마, 아빠를 칭찬하는 최고의 말과, 사랑과 감사의 말을 적는다.

· 가장자리를 5mm 정도 남기고 그림이나 이모티콘 등으로 예쁘게 장식한다.

· 완성된 그림을 버튼 제작기에 넣어 제작한다.

수업 진행 레시피

도입 🕙 **10분**

① 부모님을 생각하면서 영상을 시청하도록 안내한다.

 영상 소개

> 어느 중학교의 도덕 시간에 부모님 모르게 마음을 담아 '부모님 칭찬일기'를 30번 적는 숙제를 내주었다. 학생들은 유치함, 어색함, 부끄러움을 무릅쓰고 용기를 냈지만 처음에 돌아오는 건 무안하고 서운한 부모님의 반응이었다. 그러나 학생들은 부모님의 말, 행동, 표정까지 관찰하게 되었고, 관찰이 조금씩 관심이 되는 그 순간 엄마, 아빠라는 이름에 가려 보지 못했던 모습들이 보이기 시작했다. 부엌에서 식사를 준비하는 엄마의 모습을 보면서 "엄마가 만든 음식을 매일 먹으니까 행복해요."라는 말에 엄마는 울었다. '부모님 칭찬일기'를 마친 학생들은 "부모님을 칭찬하면서 나도 조금씩 변하는 것을 느꼈다."라고 고백하였다.

② 영상에서 엄마가 왜 울었는지 질문한다.
- 아들(딸)이 행복하다는 말에서 진심을 느꼈기 때문이다.

③ 부모님과 선생님께 사랑과 감사의 마음을 갖는다.
- 5월 8일 어버이날을 맞이하여 엄마, 아빠의 사랑을 생각해 보자.
- 5월 15일 스승의 날을 맞이하여 선생님의 사랑을 생각해 보자.

전개 🕧 **30분**

step 1 칭찬의 말 적어 보기

① 엄마, 아빠 그리고 선생님을 칭찬하는 말을 적는다.
- 엄마 아빠, 선생님이 감동 받을 만한 정도의 멘트를 쓴다.

② 2~3명 정도 발표한다.

3분 정도 지나면 다 쓴 사람 중에 발표를 시키고, 아직 못쓴 사람은 발표를 들으면서 쓰도록 합니다.

엄마 칭찬하기	아빠 칭찬하기	선생님 칭찬하기
얼굴이 예쁘시다.	운동을 해서 힘이 세다.	언제나 친절하시다.
성격이 완전 착하시다.	양복을 입으면 멋지시다.	설명하시는 목소리가 좋다.
무슨 요리든지 잘하신다.	나에게 용돈을 잘 주신다.	우리들의 이야기를 잘 들어주신다.

❶ 먼저 활동지에 어떤 내용으로 만들지 그려 본다.

활동지에는 연습으로 하는 거니까 문구나 도안 정도만 그려 보게 합니다.

❷ 활동지가 완성되면 마음에 드는 색상지로 버튼을 만든다.

• 원형 색지에 엄마, 아빠, 선생님을 칭찬하는 최고의 말을 적는다.

• 사랑과 감사의 말을 적는다.

• 그림이나 이모티콘 등으로 예쁘게 꾸민다.

• 색연필, 사인펜, 스티커 등을 이용하여 예쁘게 장식한다.

• 버튼을 만들었을 때 잘릴 수 있으므로 가장자리를 5mm 정도 남기고 그리도록 안내합니다.
• 버튼 크기는 58mm를 사용했고, 모두 같은 사이즈로 주문하는 것이 좋습니다.

❸ 완성된 그림을 가지고 오면 교사가 버튼 제작기에 부속을 넣어 제작해 준다(이때 학급의 도우미의 도움을 받으면 수월하게 진행할 수 있음).

❹ 수업이 끝나고 더 만들고 싶은 학생은 쉬는 시간이나 점심시간, 방과후에도 교무실에 와서 만들 수 있도록 안내한다.

• 이 수업은 학생들이 무척 재미있고 신기해 하는 수업입니다. 만일 학교에 버튼 제작기가 없으면 엽서나 카드 양식으로 사랑과 감사의 카드(또는 엽서) 쓰기로 진행해도 좋을 것 같습니다.
• 인터넷에서 '버튼 제작기'로 검색해서 관련 준비물을 찾아 보세요.

정리 **5** 분

❶ 활동 후에 부모님과 선생님께 어떤 사랑과 감사의 마음이 생겼는지 발표한다.

❷ 다음 수업 시간에 배울 내용을 간략히 소개하고 필요한 준비물이 있으면 안내한다.

MEMO

09

나의 홀랜드
흥미 유형

어떤 활동이나 일을 좋아해서 참여하고 싶어하는 긍정적인 감정을 흥미라고 하고, 특정 직업에 이러한 태도를 보이는 것을 직업 흥미라고 합니다. 직업 흥미는 직업의 선택이나 직업에 따른 만족감과 밀접한 관련이 있습니다. 따라서 진로와 관련하여 자신의 흥미를 탐색하는 것은 매우 중요합니다. 이번 시간에는 '내가 좋아하는 직업은 무엇일까?'라는 주제로 직업 카드를 분류하고, 자신의 홀랜드 육각형을 그려보는 활동을 통해 자신의 홀랜드 흥미 유형과 관련 직업에 대해 알아보겠습니다.

준비물 활동지, 직업 카드(1인당 1세트), 형광펜이나 사인펜 등

▶ **영상을 시청하고 흥미란 무엇인지 적어 보자.**

> **제목** 문제는 재미다.
>
> **내용** 놀이를 통해 자신의 분야에서 성공한 사람들을 소개하여 흥미(재미)의 중요성을 알아본다.
>
> **출처** https://blog.naver.com/ls6979/50162062403 **(04:58)**
>
> ⏸ ⏭ 🔊 ▬▬▬▬▬▬▬▬   HD ⊡

---

1 **직업 카드 분류하기**

- 직업 카드를 유형별(색깔별)로 6가지로 분류한다.
- 유형별로 '좋아하는 직업', '보통', '싫어하는 직업' 등 3가지로 분류한다.
- 흥미 유형별 카드의 개수와 점수를 아래의 점수판에 기록한 후, 총점을 계산한다.

흥미 유형	개수			총점	흥미 유형	개수			총점
	좋아함 (3점)	보통 (2점)	싫어함 (1점)			좋아함 (3점)	보통 (2점)	싫어함 (1점)	
R (실재형, 빨강)					**S** (사회형, 초록)				
I (탐구형, 주황)					**E** (기업형, 파랑)				
A (예술형, 노랑)					**C** (관습형, 보라)				

2 **나의 홀랜드 육각형 그리기**

- 각 유형의 총점을 점으로 찍고 6개의 점을 연결해 육각 모양을 그린다 (한 칸에 5점씩).
- 홀랜드 육각형을 형광펜으로 색칠한다.

3 나의 홀랜드 흥미 유형 알아보기

• 1순위와 2순위의 유형을 적고 '홀랜드 흥미 유형'을 참조하여 유형별 특징과 관심 있는 직업을 적어 보자.

순위	유형	특징	관심 있는 직업
1순위			
2순위			

홀랜드 흥미 유형

흥미 유형	특징	관련 직업
실재형 (R)	• 손재주가 있어 만들기를 좋아하고, 기계나 도구를 잘 다룸. • 활동적이며 몸을 움직이는 것을 좋아함. • 솔직하고 성실하면서도 말이 적음.	경찰관, 기계 공학 기술자, 도선사, 동물 조련사, 방사선사, 소방관, 농업 기술자, 직업군인, 자동차 정비원, 제과 제빵사, 요리사, 카레이서, 운동선수, 항공기 조종사, 항공 우주 공학 기술자 등
탐구형 (I)	• 세심하게 관찰하는 것을 좋아함. • 합리적이고 정확하며 창의적으로 일에 도전하는 것을 좋아함. • 논리적, 탐구적, 독립성, 호기심이 많음.	건축 공학 기술자, 게임 기획자, 경제학자, 과학수사요원, 대학교수, 로봇 공학 기술자, 수학자, 약사, 의사, 에너지 공학 기술자, 조선 공학 기술자, 컴퓨터 프로그래머, 생명 공학 기술자, 프로게이머, 연구원(인문사회) 등
예술형 (A)	• 상상력과 감정이 풍부하여 자신만의 세계에 잘 빠져드는 상상을 잘함. • 자신의 옷과 머리를 멋있게 꾸밀 줄 알고, 자기만의 독특한 방식으로 표현함.	가수, 패션 디자이너, 마술사, 만화가, 메이크업 아티스트, 모델, 방송 연출가, 방송작가, 번역가, 쇼핑 호스트, 아나운서, 연주가, 영화배우 및 탤런트, 플로리스트, 헤어 디자이너 등
사회형 (S)	• 친구와 좋은 관계를 유지하고, 협동하는 것을 좋아함. • 어려운 사람을 보면 무엇을 도와줄까 생각하기 때문에 봉사하는 것을 좋아함.	간호사, 웨딩 플래너, 노무사, 물리 치료사, 사회단체 활동가, 사회 복지사, 성직자, 상담 전문가, 교사, 의료 코디네이터, 통역가, 항공기 승무원 등
기업형 (E)	• 친구들 앞에서 앞장서서 설득하고, 지도하는 능력을 가지고 있음. • 사교적이고 모험심이 강함.	검사, 관광 여행 기획자, 광고 기획자, 국제 공무원, 국회의원, 큐레이터, 펀드 매니저, CEO, 기자, 변리사, 변호사, 상품 기획자(MD), 외교관, 외환딜러, 헤드헌터 등
관습형 (C)	• 자신이 계획한 대로 꾸준히 실천함. • 공책에 기록하는 등의 꼼꼼한 일을 잘함. • 책임감이 강하며 약속을 잘 지킴. • 학교 규칙과 질서를 잘 준수함.	감정 평가사, 관세사, 도시 계획가, 컴퓨터 보안 전문가, 법무사, 사서, 세무사, 손해 사정사, 공무원, 임상 병리사, 은행원, 애널리스트, 판사, 교통 관제사, 회계사 등

수업 진행 레시피

도입 (10분)

❶ 자신의 흥미를 생각하면서 영상을 시청하도록 안내한다.

 영상 소개

재미는 놀이의 유일한 목적이다. 여기 놀이를 통해 자신의 분야에서 크게 성공한 세 사람이 있다.

벽지를 바라보고 이미지를 발견하는 연습을 통해 그래픽 아티스트의 선구자가 된 모리츠 에셔.

재미난 수수께끼의 답을 찾듯 주위에 대한 호기심을 풀던 물리학자 리처드 파인만. 그는 누군가 장난으로 던져 올린 빙글빙글 돌아가는 접시를 보고 '접시 움직임에 대한 방정식'을 발견하였고, 독창적인 아이디어로 양자 전기역학의 난제를 해결하며 노벨상 수상자로 선정되었다. 서로 다른 박테리아를 마구 섞어 반응을 지켜보고 놀던 중 새로운 색을 가진 곰팡이를 발견한 생물학자 알렉산더 플레밍. 그는 최초의 항생물질인 페니실린을 발견하였다.

"나의 작업은 예술이 아니라 놀이에 가깝다."　　　　　　　　　　　　　　　　　　　　　　－모리츠 에셔－

"내가 하려는 일이 물리학의 발전에 얼마나 기여하는가는 중요치 않다. 문제는 그 일이 얼마나 즐겁고 재미있느냐이다."　　　　　　　　　　　　　　　　　　　　　　　　　　　　　　－리처드 파인만－

"나는 미생물을 가지고 논다네. 이 놀이에는 아주 많은 규칙이 있지. 어느 정도 이 놀이에 익숙해지고 나서 그 규칙을 깨뜨려보면 다른 사람들은 생각조차 못한 새로운 것을 알아낼 수 있지."　　　　　　　　　　　　　　　　　　　　　　　　　　　　　　　－알렉산더 플레밍－

❷ 흥미란 무엇인지 적는다.

• 흥미란 즐거움과 재미를 느끼는 것이다.

전개 (30분)

step 1 직업 카드 분류하기

❶ 전체적인 활동 방법에 대해 간단히 설명한다.

❷ 직업 카드를 개인별로 1세트씩 배부한다.

③ 직업 카드를 6가지를 색깔별(유형별)로 분류한다.

④ 유형별로 분류된 카드를 실재형(빨강)부터 '좋아한다.', '보통이다.', '싫어한다.' 등 3가지로 분류한다.

- 조금이라도 관심이 있으면 '좋아한다.' 쪽으로 분류한다.
- 보통이다, 싫어한다 쪽의 카드가 너무 많으면 다시 분류해 보도록 한다.

⑤ 색깔별 숫자를 활동지의 점수판에 기록한 후 총점을 계산한다.

- 학생 한 명이 분류한 것을 칠판에 기록하면서 기록 방법을 지도한다.
- 먼저 개수를 쓴 다음 '좋아한다.'는 개수×3점, '보통'은 개수×2점, '싫어한다.'는 개수 ×1점으로 계산한다.
- 흥미 유형별로 총점을 계산한다.

- 직업 카드는 제작사별로 유형별 카드 색깔이 다를 수 있으니 활동지를 수정해서 사용하세요.
- 홀랜드 유형을 분류해서 표에 점수를 기록하고, 실재형, 탐구형, 예술형, 사회형, 기업형, 관습형 순으로 분류해서 점수를 기록합니다.

흥미 유형	개수			총점	흥미 유형	개수			총점
	좋아함 (3점)	보통 (2점)	싫어함 (1점)			좋아함 (3점)	보통 (2점)	싫어함 (1점)	
R (실재형, 빨강)	3	8	10	21	**S** (사회형, 초록)	24	8	3	35
I (탐구형, 주황)	18	14	2	34	**E** (기업형, 파랑)	39	2	1	42
A (예술형, 노랑)	24	10	2	36	**C** (관습형, 보라)	15	14	3	32

step 2 나의 홀랜드 육각형 그리기

1순위를 해당 유형의 색깔로 칠하면 자신의 1순위를 한눈에 알 수 있어요. 예를 들어 예술형이 1순위인 학생은 노랑색으로, 사회형이 1순위인 학생은 초록색으로 육각형을 색칠합니다.

1 유형별 점수를 선위에 점으로 표시하고, 여섯 개의 점을 연결하여 육각형을 그린다.
   • 한 칸에 5점씩 부여해서 그린다.
2 완성된 육각형을 색연필이나 형광펜으로 색칠한다.
3 육각형에 1, 2순위를 기록한다.

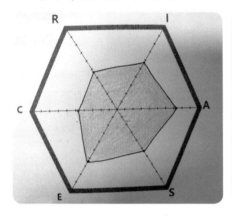
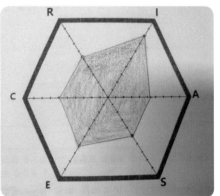

4 육각형의 크기와 모양을 살펴본다.

육각형의 크기 \ 육각형의 모양	한쪽으로 찌그러진 모양	육각형에 가까운 모양
크다	• 특정 분야에 뚜렷한 흥미가 있다. • 흥미가 발달되었고 안정적이다.	• 자신의 진정한 흥미를 모른다. • 흥미를 느끼는 관심 분야가 폭넓다.
작다	• 특정 분야에 대한 흥미가 크지 않다. • 적극적인 흥미 탐색이 필요하다.	• 뚜렷한 관심 분야가 없다. • 자신에 대한 자기 이해가 부족하다.

step 3 나의 홀랜드 흥미 유형 알아보기

1 참고 자료 '홀랜드 흥미 유형'을 활용하여 나의 홀랜드 유형의 특성과 관련 직업을 적는다.

순위	유형	특징	관심 있는 직업
1순위	예술형	• 나를 나만의 스타일로 꾸밀 수 있다. • 상상력, 감정이 풍부하다.	메이크업 아티스트, 모델
2순위	실재형	• 활동적이며 몸을 움직이는 것을 좋아한다. • 기계나 도구를 잘 다룬다.	제과 제빵사, 항공기 조종사

2 친구의 홀랜드 흥미 유형 맞히기 게임을 한다.

66 강나루쌤의 **진로 수업 레시피**

• 짝끼리 상대방의 홀랜드 흥미 유형을 맞춰 보게 한다.
• 한 명의 학생을 지명하고 그 학생의 홀랜드 흥미 유형 1순위와 2순위를 맞춰 보게 한다.

– 홀랜드 육각형 모형 분석 –

큰 정육각형
모양

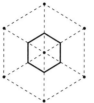

• 모든 분야에 흥미를 보이는 유형이다.
• 왕성한 열정으로 많은 분야에 관심을 보이지만 좀 더 소질이 있는 분야에 대한 선택과 집중이 필요하다.

작은 정육각형
모양

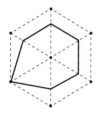

• 모든 분야에 낮은 흥미를 보이는 유형이다.
• 흥미를 갖고 있는 분야가 거의 없으므로 자기 이해가 좀더 필요하다.

돌출형
모양

• 특정 분야에 높은 흥미를 보이는 유형이다.
• 높은 흥미를 보인 분야에 대해 지속적인 관심을 갖고 흥미를 발전시키는 것이 좋다.

매몰형
모양

• 특정 분야에 낮은 흥미를 보이는 유형이다.
• 흥미가 높은 분야 중에서 좀 더 소질이 있는 분야에 대해 관심을 갖고 발전시키는 것이 좋다.

정리 5분

① 자신의 흥미 유형을 알아보는 다양한 방법에 대해 설명한다.
   • 첫째, 평소 자신이 어떤 것에 관심이 있는지, 어떤 일을 할 때 즐겁고 행복한지 살펴본다.
   • 둘째, 자신을 잘 아는 부모님, 선생님, 친구 등의 생각을 들어 보거나 여러 가지 체험을 통해 알아본다.
   • 셋째, 표준화된 진로 심리 검사를 통해 자신의 직업 흥미 유형을 객관적으로 파악한다.
   ※ 커리어넷(https://www.career.go.kr)→진로 심리 검사→중 · 고등학생용 심리 검사→직업 흥미 검사(H)
   ※ 워크넷(https://www.work.go.kr)→직업 · 진로→직업 심리 검사→청소년 대상 심리 검사→청소년 직업 흥미 검사
② 다음 시간에는 '다중 지능으로 알아보는 나의 적성'에 대해 수업할 것이라고 안내한다.

10

다중 지능으로 알아보는 나의 적성

적성이란 학업이나 업무 등의 특정 영역에서 능력을 발휘하는 잠재적인 가능성을 말합니다. 따라서 자신의 적성에 대해 파악하고 있다면 직업을 선택할 때 많은 도움이 될 것입니다. 이번 활동에서는 다중 지능 검사를 통해 자신의 적성에 대해 알아보고, 다중 지능 낱말 퍼즐 맞추기 활동을 하면서 자신의 다중 지능과 관련된 직업을 탐색할 수 있습니다.

준비물 활동지, 다중 지능 낱말 카드(부록 2), 풀, B4 용지, 투명(열린)케이스 8개 또는 칠판용 자석 등

▶ 영상을 시청하면서 나의 강점 지능은 무엇인지 생각해 보자.

> **제목** 다중 지능이란 무엇인가?
>
> **내용** 인간의 지능은 8개의 영역으로 구성되며, 이 지능들의 조합으로 수많은 재능이 발현된다.
>
> **출처** https://www.youtube.com/watch?v=s87zT8YpJ7g&t=231s(05:49)

⏸ ⏭ 🔊 ▬▬▬▬▬▬▬   HD [+]

1 나의 다중 지능 알아보기

• 다중 지능 검사를 위한 문항을 읽고 1~56번까지 점수를 매겨 보자.

※ 매우 그러하면 **5점**, 대체로 그러하면 **4점**, 보통이면 **3점**, 별로 그렇지 않으면 **2점**, 전혀 그렇지 않으면 **1점**

1. 취미 생활로 악기 연주나 음악 감상을 즐긴다. ( )	2. 운동 경기를 보면 운동 선수들의 장단점을 잘 짚어 낸다. ( )	3. 어떤 일이든 실험하고 검증하는 것을 좋아한다. ( )
4. 손으로 물건을 만들고 그림을 그리는 것을 좋아한다. ( )	5. 다른 사람보다 어휘력이 좋은 편이다. ( )	6. 친구나 가족들의 고민거리를 들어 주거나 해결하는 것을 좋아한다. ( )
7. 나 자신을 되돌아보고 앞으로의 생활을 계획하는 것을 좋아한다. ( )	8. 다친 강아지를 보면 보살펴 주고 싶다. ( )	9. 악보를 보면 그 곡의 멜로디를 어느 정도 알 수 있다. ( )
10. 평소에 몸을 움직이며 활동하는 것을 좋아한다. ( )	11. 교과 중에서 수학이나 과학 과목을 좋아한다. ( )	12. 어림짐작으로도 길이나 넓이를 비교적 정확히 알아맞힌다. ( )
13. 글이나 문서를 읽을 때 문법적으로 어색한 문장이나 단어를 잘 찾아낸다. ( )	14. 학교에서 왕따가 왜 발생하고 어떻게 해결하면 좋을지 알고 있다. ( )	15. 나의 건강 상태나 기분, 컨디션을 정확히 파악할 수 있다. ( )
16. 자연 속에서 시간을 보내는 것을 좋아한다. ( )	17. 다른 사람의 연주나 노래를 들으면 어떤 점이 부족한지 알 수 있다. ( )	18. 어떤 운동이라도 한두 번 해보면 잘할 수 있다. ( )
19. 다른 사람의 말 속에서 비논리적인 점을 잘 찾아낸다. ( )	20. 다른 사람의 그림을 보고 평가를 잘할 수 있다. ( )	21. 나의 어렸을 때 꿈은 작가나 아나운서였다. ( )
22. 다른 사람들로부터 다정다감하다는 소리를 자주 듣는다. ( )	23. 내 생각이나 감정을 상황에 맞게 잘 통제하고 조절한다. ( )	24. 동물이나 식물에 관하여 많은 정보를 알고 있다. ( )

25. 다른 사람과 노래할 때 화음을 잘 넣는다. ( )

 26. 운동을 잘한다는 말을 자주 듣는다. ( )

 27. 학교생활에서 발생하는 문제를 해결하는 절차와 방법을 잘 알고 있다. ( )

 28. 내 방을 꾸밀 때 어떤 재료를 사용해야 하고 어떻게 배치해야 할지 잘 안다. ( )

 29. 글을 조리 있고 설득력 있게 쓴다는 말을 자주 듣는다. ( )

 30. 학교 친구나 선생님의 기분을 잘 파악하고 적절하게 대처한다. ( )

 31. 평소에 내 능력이나 재능을 개발하기 위해 노력한다. ( )

 32. 동물이나 식물을 좋아하고 잘 돌본다. ( )

 33. 악기를 연주할 때 곡의 음정, 리듬, 분위기를 정확하게 표현한다.

 34. 뜨개질이나 조각, 조립과 같은 섬세한 손놀림이 필요한 활동을 잘할 수 있다. ( )

 35. 물건의 가격이나 은행 이자 등을 잘 계산한다. ( )

 36. 다른 사람으로부터 그림 그리기나 만들기를 잘한다고 칭찬을 받은 적이 있다. ( )

 37. 책이나 신문의 기사를 읽을 때 그 내용을 잘 이해한다. ( )

 38. 가족이나 선배, 친구 등 누구와도 잘 지내는 편이다. ( )

 39. 나의 일정을 다이어리에 정리하는 등 규칙적인 생활을 위해 노력한다. ( )

 40. 나는 현재 동식물과 관련된 취미를 갖고 있거나 그런 쪽의 직업을 갖고 싶다. ( )

 41. 어떤 악기라도 연주법을 쉽게 익힌다. ( )

 42. 개그맨이나 탤런트 등 주변 사람들의 행동을 잘 흉내 낼 수 있다. ( )

 43. 어떤 것을 암기할 때 무작정 외우기보다는 논리적으로 이해하여 암기한다. ( )

 44. 새로운 지식을 습득할 때 그림이나 개념 지도를 그려 가며 외운다. ( )

 45. 좋아하는 수업 시간은 국어 시간과 글쓰기 시간이다. ( )

 46. 내가 속한 집단에서 내가 해야 할 일을 잘 찾아서 수행한다. ( )

 47. 어떤 일에 실패했을 때 원인을 분석해서 그런 일이 반복되지 않도록 노력한다. ( )

 48. 동식물이나 특정 사물이 갖는 특징을 분석하는 것을 좋아한다. ( )

 49. 빈칸에 어떤 곡을 채워 보라고 하면 어렵지 않게 채울 수 있다. ( )

 50. 연기나 춤으로 내가 전하고자 하는 것을 잘 표현할 수 있다. ( )

 51. 어떤 문제가 생기면 성급하게 결론을 내리기보다는 그 원인을 밝히려고 한다. ( )

 52. 고장 난 기계나 물건을 잘 고친다. ( )

 53. 다른 사람이 하는 말의 핵심을 잘 파악한다. ( )

 54. 다른 사람들 앞에서 발표나 연설을 잘한다. ( )

 55. 앞으로 어떻게 성공해야 할지에 대해 뚜렷한 신념을 가지고 있다. ( )

 56. 환경 문제를 잘 해결할 수 있는 방법들을 많이 알고 있다. ( )

- 각 문항의 점수를 적고 세로로 합산해서 총점을 적어 보자.
- 총점을 막대그래프에 표시하여, 형광펜이나 색연필로 색칠하고 순위를 매겨서 나의 다중 지능을 알아보자.

	음악 지능	그래프	신체 운동 지능	그래프	논리 수학 지능	그래프	공간 지능	그래프	언어 지능	그래프	대인 관계 지능	그래프	자기 이해 지능	그래프	자연 친화 지능	그래프
35	문항 1 ( )		문항 2 ( )		문항 3 ( )		문항 4 ( )		문항 5 ( )		문항 6 ( )		문항 7 ( )		문항 8 ( )	
30	문항 9 ( )		문항 10 ( )		문항 11 ( )		문항 12 ( )		문항 13 ( )		문항 14 ( )		문항 15 ( )		문항 16 ( )	
25	문항 17 ( )		문항 18 ( )		문항 19 ( )		문항 20 ( )		문항 21 ( )		문항 22 ( )		문항 23 ( )		문항 24 ( )	
20	문항 25 ( )		문항 26 ( )		문항 27 ( )		문항 28 ( )		문항 29 ( )		문항 30 ( )		문항 31 ( )		문항 32 ( )	
15	문항 33 ( )		문항 34 ( )		문항 35 ( )		문항 36 ( )		문항 37 ( )		문항 38 ( )		문항 39 ( )		문항 40 ( )	
10	문항 41 ( )		문항 42 ( )		문항 43 ( )		문항 44 ( )		문항 45 ( )		문항 46 ( )		문항 47 ( )		문항 48 ( )	
5	문항 49 ( )		문항 50 ( )		문항 51 ( )		문항 52 ( )		문항 53 ( )		문항 54 ( )		문항 55 ( )		문항 56 ( )	
총점																
순위																

2 다중 지능 낱말 카드 퍼즐 맞추기

- 모둠별로 주어진 낱말 퍼즐을 오려서 맞추고 B4 용지에 강점 지능 문장을 붙여 칠판에 부착한다.
- 자신의 강점 지능 3가지를 순위별로 적고, 다중 지능의 특징과 관심 직업을 적어 보자.

순위	나의 강점 지능	특징	관심 직업
1순위			
2순위			
3순위			

다중 지능의 특징과 관련 직업

다중 지능이란 인간의 지능이 IQ와 같이 단순한 지적 능력이 아닌 여러가지 다양한 지능으로 구성된 것을 말한다. 다중 지능에서는 인간의 지능을 언어 지능, 논리 수학 지능, 공간 지능, 신체 운동 지능, 음악 지능, 대인 관계 지능, 자기 이해 지능, 자연 친화 지능으로 나누는데, 이 지능들은 따로따로 작용하는 것이 아니라 서로 영향을 주고받으며 협력한다. 객관적인 검사를 통해 평균보다 높으면 강점 지능, 낮으면 약점 지능이라고 하며, 강점 지능은 찾아 집중적으로 개발하고 약점 지능은 적절히 보완하는 것이 필요하다.

다중 지능	특징	관련 직업
언어 지능	말, 글로 세상을 이해하고 자신을 표현하는 능력	시인, 번역가, 카피라이터, 성우, 기자, 출판물 편집자, 구성작가, 언어 치료사, 아나운서, 영화감독 등
논리 수학 지능	숫자, 기호, 법칙, 규칙을 이해하는 능력	감정 평가사, 애널리스트, 회계사, 로봇 연구원, 기계 공학 기술자, 게임 기획자, 물류 관리사, 외환딜러, 검사, 세무사 등
공간 지능	도형, 그림, 지도, 입체 등을 구상하고 창조하는 능력	사진사, 메이크업 아티스트, 프로게이머, 무대감독, 건축가, 화가, 방사선사, 패션 디자이너, 일러스트레이터, 제품 디자이너 등
신체 운동 지능	춤, 운동에 민감한 능력	패션모델, 운동선수, 스포츠 트레이너, 물리 치료사, 경찰관, 군인, 레크리에이션 강사, 카레이서, 응급 구조사, 마술사 등
음악 지능	음과 박자를 쉽게 이해하고 창조하는 능력	디스크 자키, 음악 편집기사, 가수, 작곡가, 기타리스트, 합창단원, 지휘자, 폴리 아티스트*, 국악인, 음악 치료사 등
대인 관계 지능	타인의 감정, 의도, 욕구 등을 이해하는 능력	비서, 마케팅 전문가, 병원 코디네이터, 특수교사, 정치인 보좌관, 선교사, 커플 매니저, 이미지 컨설턴트, 영업 판매원, 정신과 의사 등
자기 이해 지능	자기 내면의 동기, 욕구, 감정 등을 이해하는 능력	직업 재활 상담사, 최고 경영자, 경영 컨설턴트, 소설가, 성직자, 심리학 연구원, 상품 중개인, 직업 상담사, 독서 지도사, 웃음 치료사 등
자연 친화 지능	동물, 식물, 환경의 인식과 분류에 민감한 능력	천문학 연구원, 원예 기술자, 고고학자, 해양학 연구원, 동물 조련사, 플로리스트, 대기 환경 기술자, 유전 공학 연구원, 여행 상품 개발원, 조경 기술자 등

*폴리 아티스트: 음향 효과를 위해 사람 목소리와 음악을 제외한 모든 소리를 만들어 내는 음향 전문가

수업 진행 레시피

 도입 **10**분

❶ 자신이 강점이 무엇인지 생각하면서 영상을 시청하도록 안내한다

> **영상 소개**
>
> 왜 사람들은 똑같은 것을 보고도 각별하게 기억하는 것이 다 다를까? 사람의 뇌는 8가지의 지능으로 구성되어 있다는 것이 다중 지능 이론이다. 생각나는 단어를 잘 말한다면 언어 지능이, 피보나치 수열을 잘 맞춘다면 논리 수학 지능이, 음악에 잘 반응한다면 음악 지능이, 마음 속으로 여러 모양이 섞인 도형을 회전하여 모양을 맞출 수 있다면 공간 지능이, 운동을 좋아하고 관심이 많다면 신체 운동 지능이, 다른 사람의 생각이나 감정을 잘 읽어 낸다면 대인 관계 지능이, 자신의 느낌이나 감정을 잘 파악한다면 자기 이해 지능이, 동물과 자연을 좋아한다면 자연 친화 지능이 발달했다고 할 수 있다. 이 다양한 지능의 조합으로 수많은 재능의 발현이 이루어지는데, 자신의 재능을 미리 안다면 더 성공적인 인생이 될 것이다. 사람들은 보통 8개의 범주 안에 속하기 마련이고, 8가지 지능 중 가장 잘하는 부분이 하나쯤은 분명히 있을 것이다. 즉 다중 지능의 강점이 곧 재능일 가능성이 크다는 것이므로 자신의 강점 지능과 가장 잘 어울리는 직업을 선택한다면 성공할 가능성이 훨씬 크다. 보통 한 분야에서 성공한 사람들의 경우 상위의 3개 지능이 조화롭게 조화된 경우이다. 당신의 뇌가 원하는 일을 할 때 당신은 행복해질 수 있다.

❷ 다중 지능에 대해 간략히 설명한다.

❸ 임의로 한 명을 선정하여 다중 지능 중 강점 지능이라고 생각되는 3가지를 칠판에 적고, 그 사람을 잘 아는 친구가 보는 강점 지능도 3가지를 적는다.

> 저는 반장의 강점 지능을 적었고, 전개 과정의 마무리 활동으로 실제 결과와 비교했어요(77쪽 결과 참고).

 **전개** **30**분

step **1** 나의 다중 지능 알아보기

❶ 다중 지능 검사를 위한 문항을 읽고, 활동지에 문항별 점수를 기록하도록 한다.

몇 점을 줘야 하지?

• 문항 1~56번의 괄호 안에 큰 글씨로 점수를 진하게 쓴다.

> • 오래 생각하지 말고 생각나는 대로 빠르게 점수를 기록하게 합니다.
> • 학생들이 기록하는 동안 교실을 다니며 잘 이해하지 못한 학생들을 개인적으로 지도해요.

❷ 점수 기록이 끝나면 세로로 계산해서 총점을 적는다.

❸ 각 지능별로 점수에 맞게 막대그래프를 그린다.

   • 1, 2 ,3 순위는 파랑색으로, 나머지는 다른 색으로 칠하도록 한다.

형광펜이나 색연필을 이용하고, 색깔은 자유롭게 칠하도록 해요.

	음악 지능	그래프	신체 운동 지능	그래프	논리 수학 지능	그래프	공간 지능	그래프	언어 지능	그래프	대인 관계 지능	그래프	자기 이해 지능	그래프	자연 친화 지능	그래프
35	문항 1 (5)		문항 2 (3)		문항 3 (2)		문항 4 (3)		문항 5 (2)		문항 6 (2)		문항 7 (5)		문항 8 (4)	
30	문항 9 (5)		문항 10 (5)		문항 11 (2)		문항 12 (2)		문항 13 (1)		문항 14 (3)		문항 15 (5)		문항 16 (4)	
25	문항 17 (4)		문항 18 (2)		문항 19 (1)		문항 20 (2)		문항 21 (2)		문항 22 (4)		문항 23 (5)		문항 24 ( )	
20	문항 25 (3)		문항 26 (2)		문항 27 (1)		문항 28 (5)		문항 29 (2)		문항 30 (4)		문항 31 (4)		문항 32 (2)	
15	문항 33 (5)		문항 34 (2)		문항 35 (2)		문항 36 (1)		문항 37 (2)		문항 38 (4)		문항 39 (5)		문항 40 (2)	
10	문항 41 (5)		문항 42 (5)		문항 43 (2)		문항 44 (2)		문항 45 (1)		문항 46 (5)		문항 47 (5)		문항 48 (4)	
5	문항 49 (3)		문항 50 (5)		문항 51 (5)		문항 52 (3)		문항 53 (2)		문항 54 (2)		문항 55 (3)		문항 56 (2)	
총점	30		24		12		18		12		27		32		18	
순위	2		4		7		5		7		3		1		5	

step 2 다중 지능 낱말 카드 퍼즐 맞추기

❶ 모둠별로 주어진 다중 지능 낱말 카드를 오린다.

미리 오려서 준비하면 활동 시간도 단축할 수 있고 위험하지도 않아 좋습니다.

❷ 학생들 활동하는 동안 미리 칠판에 투명 케이스(열린 케이스)를 붙여 놓는다.

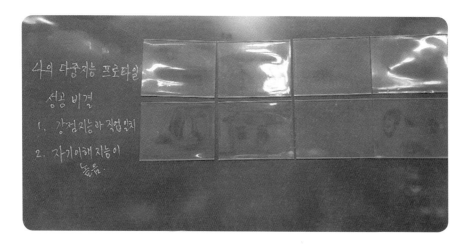

❸ 강점 지능별로 모여 주어진 낱말 퍼즐을 맞춰서 B4 용지에 강점 지능 문장을 붙인다.

❹ 완성된 모둠은 앞으로 나와서 강점 지능별로 칠판에 부착한다.

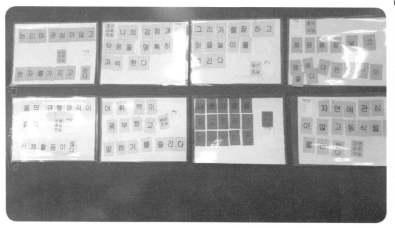

• 투명 케이스(열린 케이스)는 넣어 주면 되고, 투명 케이스가 없으면 칠판용 자석을 이용해 붙입니다.
• 칠판에 부착된 내용이 맞았는지 확인하고, 혹시 틀렸으면 학생들에게 바르게 정정해 보라고 하면 잘해요.
• 틀린 문장은 수정해서 칠판에 써 줍니다.

⑤ 자신의 강점 지능 3가지를 순위별로 적고, 해당 강점 지능의 특징과 관심 직업을 적는다.

순위	나의 강점 지능	특징	관심 직업
1순위	자기 이해 지능	나의 강점과 약점을 잘 안다.	심리학 연구원, 웃음 치료사, 직업 상담사
2순위	음악 지능	화음을 잘 넣고 음에 대한 감각이 좋다.	가수, 음악 치료사, 지휘자
3순위	대인 관계 지능	다른 사람을 잘 도와주고 리더십이 있다.	마케팅 전문가, 비서, 커플 매니저

⑥ 도입 과정에서 기록했던 한 명의 강점 지능의 실제 검사 결과를 적고 비교해 본다.

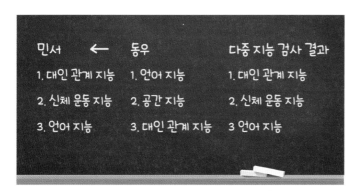

학급마다 반장의 상위 3개의 강점 지능을 대표로 적었는데, 대부분의 반장들에게서 상위 강점 지능 중 대인 관계 지능이 포함되는 공통점이 있었어요.

① 8가지 유형별로 1순위인 학생들을 파악해 본다.

② 자신의 강점 지능과 자신의 관심 직업이 일치하는지 질문해 본다.

자신의 꿈을 이루기 위해 어떤 지능을 개발해야 하는지 질문해도 좋습니다.

③ 표준화된 적성 검사를 통해 자신의 적성을 알 수 있다는 것을 안내한다.

• 커리어넷(https://www.career.go.kr) → 진로 심리 검사 → 중 · 고등학생용 심리 검사 → 직업 적성 검사

• 워크넷(https://www.work.go.kr) → 직업 · 진로 → 직업 심리 검사 – 청소년 대상 심리 검사 → 청소년 적성 검사

④ 다음 수업 시간에 배울 내용을 간략히 소개하고, 필요한 준비물이 있으면 안내한다.

MEMO

11

퍼즐 놀이로 알아보는 나의 강점 지능

하버드 대학의 심리학 교수인 하워드 가드너에 따르면 사람은 최소한 한 가지 이상의 영역에서 다른 사람보다 뛰어난 지능을 가지고 태어난다고 합니다. 자신의 강점을 파악한다는 것은 앞으로 자신의 인생을 살아가는 데 큰 도움이 될 것입니다. 이번 활동에서는 강점 지능 퍼즐 맞추기 활동을 하면서 8가지 다중 지능 각각의 대표적인 직업 10가지와 그 직업에 필요한 강점 지능을 높이는 방법을 찾아 봅니다. 또한 퍼즐을 맞추면서 강점 지능은 높이고 약점 지능은 보완하는 방법을 알 수 있을 것입니다.

준비물 활동지, 다중 지능 퍼즐 2세트, 색연필 등

▶ 영상을 시청하고 열정을 가진 진짜 인재는 어떤 사람인지 적어 보자.

제목　진짜 인재를 찾아내는 감동 면접

내용　한 기업에서 특별한 면접을 통해 열정 있는 인재를 찾는 방법을 소개한다.

출처　https://www.youtube.com/watch?v=Aky0XViplmY&feature=youtu.be (03:31)

◎ 다중 지능 퍼즐 놀이

• 강점 지능이 같은 사람들끼리 모둠을 구성하여 그 지능에 해당하는 다중 지능 퍼즐을 맞춘다.

• 가운데 작은 원에 다중 지능 중 자신의 강점 지능을 적는다.

• 바깥쪽 원의 가장자리에 퍼즐판에서 찾은 10개의 직업을 적고 그림이나 이모티콘으로 표현한다.

• 그 직업을 잘하기 위해 필요한 능력을 퍼즐판 내용을 참고해서 원 밖에 화살표로 연결하여 적는다.

도입 5분

① 열정을 가진 진짜 인재란 어떤 사람인지 생각하면서 영상을 시청하도록 안내한다.

영상 소개

　　한 회사가 많은 입사 지원자들 중 진짜 인재를 찾기 위해 엉뚱한 면접을 시도한다. 면접 중 3가지 엉뚱한 상황을 설정하고 지원자들의 반응을 보는 것이다. 첫 번째 테스트, 면접실로 안내하는 직원이 대뜸 지원자의 손을 잡는다. 지원자의 친밀감과 유쾌함을 보는 것이다. 두 번째 테스트, 면접 중 갑자기 면접관이 쓰러진다. 지원자의 대응 능력과 배려하는 모습을 보는 것이다. 세 번째 테스트, 갑자기 비상벨이 울리고 지원자들에게 탈출하라고 한다. 그때 갑자기 자살을 시도하는 사람이 발생하고 탈출하는 지원자에게 도움을 요청한다. 지원자의 열정과 헌신을 확인하는 것이다.

　　엄청난 관중이 모인 축구 경기장에서 그 동안의 면접 장면과 함께 합격 발표를 한다. 채용은 단순히 일할 사람을 뽑는 면접이 아니라 열정을 가진 인재에게 보내는 뜨거운 프로포즈다.

② 열정을 가진 진짜 인재는 어떤 사람인지 적어 본다.

　• 친밀함과 유쾌함, 대응 능력과 배려심, 열정과 헌신을 가진 사람

③ 적은 내용을 발표하고 이유를 이야기한다.

TIP

진짜 인재가 어떤 사람인지 적을 때 영상에 소개된 내용이 아니라 자신이 생각하는 인재에 대해 적어도 된다고 이야기해 주세요.

전개 35분

step1 다중 지능 퍼즐 맞추기

① 다중 지능 중 강점 지능이 같은 사람들끼리 2~4명 정도 모둠을 구성한다.

② 모둠원들과 협력하여 퍼즐을 맞춘다.

TIP

다중 지능 검사를 하지 않아 자신의 강점 지능을 모른다면 짝과 함께 또는 4명이 한 모둠이 되어 모둠에서 관심 있는 강점 지능 퍼즐을 맞춰도 됩니다.

step 2 강점 지능 직업별 역량 써클맵 그리기

① 가운데 작은 원에 다중 지능 중 자신의 강점 지능을 적는다.

② 바깥쪽 원의 가장자리에 퍼즐판에서 찾은 10개의 직업을 적고, 그림이나 이모티콘으로 표현한다.

③ 그 직업을 잘하기 위해 필요한 능력을 퍼즐판 내용을 참고해서 원 밖에 화살표로 연결하여 적는다.

TIP

• 만일 자신의 강점 지능을 모른 상태에서 짝이나 모둠끼리 퍼즐을 맞췄다면 가운데 작은 원에는 모둠에서 맞춘 강점 지능을 적습니다.
• 예시 그림을 보여 주고 시작하면 훨씬 잘할 수 있습니다.

④ 다중 지능별로 1명씩 발표하고, 교실에 부착시켜 놓는다.

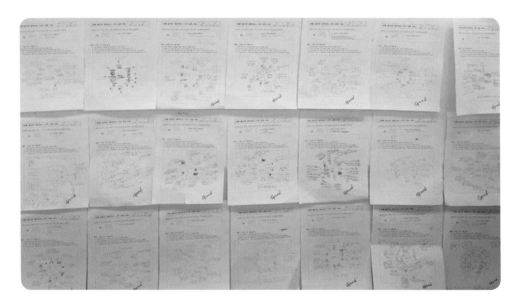

정리 5분

① 자신의 상위 강점 지능과 관련된 직업이 요구하는 역량에 대해 알아본다.

② 다음 수업 시간에 배울 내용을 간략히 소개하고 필요한 준비물이 있으면 안내한다.

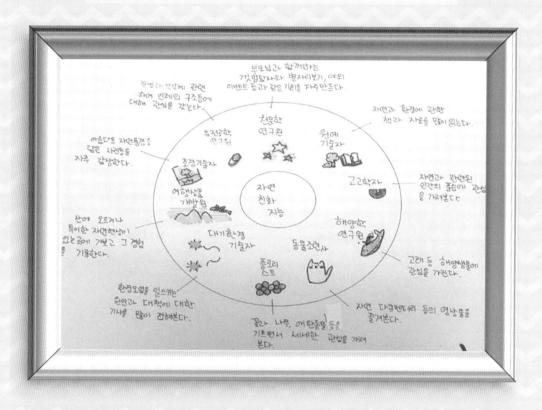

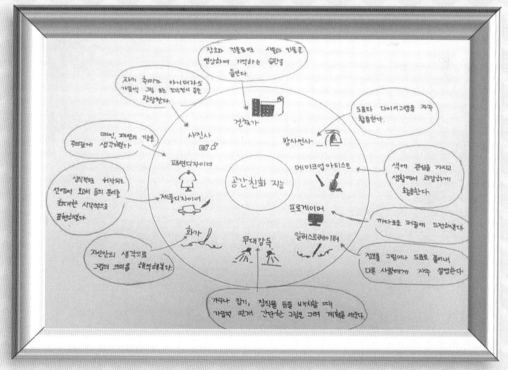

MEMO

12

내가 좋아하는 것 찾아보기

나의 흥미를 탐색하는 방법에는 자신을 잘 아는 사람이 바로 자신이므로 스스로에 대해 관찰하는 방법과 부모님, 선생님, 친구 등 주변 사람의 의견을 들어보는 방법이 있습니다. 또한 표준화된 직업 흥미 검사를 통해 객관적인 흥미를 탐색할 수도 있습니다. 이번 활동은 평소 내가 무엇에 흥미를 가지고 있는지 체크해 보고 친구가 보는 나의 흥미는 무엇인지 알아보는 활동입니다. 그리고 자신이 재미있고 관심 있는 활동 20가지 정도를 적고, 친구들과 말하기 배틀 게임을 하면서 자신이 평소 좋아하고 관심 있는 흥미를 찾을 수 있을 것입니다.

준비물 활동지, 색연필 등

활동지

▶ **영상을 시청하고 주인공들이 평범한 사람이라면 하지 않을 고민을 왜 했는지 적어 보자.**

제목	행복한 오타쿠
내용	자신이 좋아하는 걸 하기 위해 남들은 도전하지 않은 여행을 다녀 온 두 청년의 이야기다.
출처	https://blog.naver.com/adflashblog/220384460361 (05:23)

⏸ ⏭ 🔊 ▬▬▬▬▬▬▬   HD ⊕

---

1 **내가 좋아하는 것 찾아보기**

• 내가 어떤 종류의 일이나 활동에 관심을 갖고 재미있어 하는지 ★로 표시해 보자.

• 3명의 친구에게 내가 관심을 가지고 있거나 재미있어 하는 일이나 활동에 ★을 받아서 정리한다.

※아주 재미있다 ★★★, 재미있다 ★★, 조금 재미있다 ★, 관심 없음은 ★을 표시하지 않음.

내가 좋아하는 일이나 활동			★합계	순위	공통점
만들기(종이접기, 요리하기 등) ( )	운동하기 ( )	고장 난 물건 고치기 ( )			
반려동물 돌보기 ( )	식물 기르기 ( )	컴퓨터 및 기계 다루기 ( )			
퍼즐 맞추기 ( )	별 관측하기 ( )	새로운 일에 도전하기 ( )			
수학 문제 풀기 ( )	어떤 사실에 대해 설명하기 ( )	발명하기, 과학 실험하기 ( )			
그림 그리기, 디자인하기 ( )	예술에 대한 책 읽기 ( )	자유롭고 독립적으로 일하기 ( )			
여행 가기, 공연보기 ( )	악기 연주, 노래 부르기 ( )	글쓰기 ( )			
봉사활동하기 ( )	친구나 동생 공부 도와주기 ( )	사람들과 이야기하기 ( )			
팀을 만들어 함께 일하기 ( )	친구들을 즐겁게 해주기 ( )	고민 들어주고 위로해 주기 ( )			
자신의 목표 세우기 ( )	설득하기 ( )	다른 사람과 경쟁하기 ( )			
리더(반장)가 되기 ( )	새로운 책임을 맡는 일 ( )	연설하거나 발표하기 ( )			
꼼꼼하게 공책 정리하기 ( )	하루 생활 계획하기 ( )	스크랩북, 포트폴리오 정리하기 ( )			
깨끗하게 주변 정리하기 ( )	용돈 기입장 쓰기 ( )	정확히 계산하기 ( )			

■ 내가 만난 친구 이름: _____ , _____ , _____

2 배틀! 내가 좋아하는 것 쓰고 말하기

- 자신이 좋아하는 것, 관심 있는 것, 하고 싶은 것, 하면서 즐거운 것 등 20가지를 적는다.
- 4명이 한 모둠이 되어 내가 좋아하는 것 말하기 배틀을 한다.
- 모둠에서 이긴 1명씩 교실 앞으로 나와 1명이 남을 때까지 내가 좋아하는 것 말하기 게임을 한다.

※3초 안에 말하지 못할 때, 상대방이 말한 것을 다시 말할 때, 게임의 종류나 연예인 이름, TV 프로그램을 계속 나열할 경우에는 탈락이다.

1.	11.
2.	12.
3.	13.
4.	14.
5.	15.
6.	16.
7.	17.
8.	18.
9.	19.
10.	20.

3 나의 흥미에 맞는 직업 찾아보기

- 활동 1, 2 를 참고해서 나의 흥미 3가지를 우선 순위에 따라 적어 보자.
- 나의 흥미와 관심 분야를 살려서 하고 싶은 일이나 직업을 3가지 적어 보자.

나의 흥미	하고 싶은 일이나 직업
1.	1.
2.	2.
3.	3.

 도입 10분

① 자신이 정말 하고 싶어하는 일이나 활동은 무엇인지 생각하면서 영상을 시청하도록 안내한다.

> **영상 소개**
>
> 사상 최대 난관, 최장 거리, '에반게리온' 지구 일주 스탬프. 프랑스, 미국, 일본, 중국 4개국을 다니며 도장을 모은 사람에게 선물을 주겠다고 한다. 선물이 무엇인지 알려지지도 않았지만 전 세계 오타쿠들이 주목한다. 보통 사람이라면 하지 않을 고민이지만 에반게리온의 오타쿠인 한국의 두 남자는 이것을 할지 말지 고민을 하게 된다. 그들은 좋아하는 것들을 점점 잃어가는 자신을 발견하면서 이 상실에 대해 반항하고 싶었다. 이번만큼은 후회 없이 제대로 좋아해 보자. 그래서 스탬프를 받기 위한 여행에 나서게 된다.
>
> 생애 첫 유럽 여행을 하루 만에 마치고 첫 번째 도장을 받는다. 시간이 많지 않아 주말을 이용하고, 돈이 많지 않아 노트북과 귀중품을 팔아가며 프랑스, 일본, 미국, 중국 4개국을 완주. 좋아하던 것을 마음껏 했던 여행이 끝났다. 그들은 여행에서 돌아온 뒤 자신들의 여정을 다큐멘터리 영화로 제작해서 상영했고, 악보도 볼 줄 몰랐지만 열심히 공부해서 영화 OST 음반까지 제작했다.

② 주인공들이 평범한 사람이라면 하지 않은 고민을 왜 했는지 적어 보자.

- 자신이 좋아하는 것을 후회 없이 제대로 좋아해 보고 싶었기 때문이다.

> **TIP**
> 영상을 보다가 3분에서 3분 10초 사이에 잠깐 멈춤을 해서 학생들이 질문에 대한 답을 쓰도록 합니다.

 **전개** 30분

step 1 내가 좋아하는 것 찾아보기

① 내가 어떤 종류의 일이나 활동에 관심을 갖고 재미있어 하는지 ★로 표시해 보자.
※아주 재미있다 ★★★, 재미있다 ★★, 조금 재미있다 ★, 관심 없음은 ★을 표시하지 않음.

② 교실을 돌아다니면서 친구 3명을 만나 내가 관심을 가지고 있거나 재미있어 하는 활동이나 일에 ★로 표시해 달라고 친구에게 부탁한다.

- ★을 표시해 달라고 부탁을 받은 사람은 평소 친구의 모습을 생각하면서 친구가 좋아하고 관심있어 하는 일이나 활동에 ★을 표시해 준다.
- 활동지 아래에 내가 만난 친구 3명의 이름을 적는다.

❸ 각각의 일이나 활동에 표시된 ★의 합계를 기록한다.

❹ ★의 합계를 기준으로 순위를 적어 본다.

❺ 각 활동들의 공통점이 무엇인지 친구와 함께 생각해 본다.
　예 활동적인 일, 탐구하기, 예술, 사회활동, 리더십, 계획하기 등

★의 합계 숫자를 세어 보도록 하고, 각 활동들의 공통점을 질문합니다. 학생들의 대답을 정리해서 홀랜드 흥미 유형을 간단하게 설명합니다.

내가 좋아하는 일이나 활동			★합계	순위	공통점
만들기(종이접기, 요리하기 등) (★★★)	운동하기 (★★)	고장 난 물건 고치기 (★)	9개	4위	활동적인 일
반려동물 돌보기 ( )	식물 기르기 (★)	컴퓨터 및 기계 다루기 (★★)			
퍼즐 맞추기 (★★)	별 관측하기 (★)	새로운 일에 도전하기 (★★)	5개	6위	탐구하기
수학 문제 풀기 ( )	어떤 사실에 대해 설명하기 ( )	발명하기, 과학 실험하기 ( )			
그림 그리기, 디자인하기 (★★★)	예술에 대한 책 읽기 (★★★)	자유롭고 독립적으로 일하기 (★)	13개	2위	예술
여행 가기, 공연보기 (★★★)	악기 연주, 노래 부르기 (★★)	글쓰기 (★)			
봉사활동하기 (★★★)	친구나 동생 공부 도와주기 (★★★)	사람들과 이야기하기 (★★★★)	17개	1위	사회활동
팀을 만들어 함께 일하기 (★★)	친구들을 즐겁게 해주기 (★★★)	고민 들어주고 위로해 주기 (★★)			
자신의 목표 세우기 (★★)	설득하기 (★)	다른 사람과 경쟁하기 (★★)	6개	5위	리더십
리더(반장)가 되기 ( )	새로운 책임을 맡는 일 (★)	연설하거나 발표하기 ( )			
꼼꼼하게 공책 정리하기 (★)	하루 생활 계획하기 (★★)	스크랩북, 포트폴리오 정리하기 (★★★★)	13개	2위	계획하기
깨끗하게 주변 정리하기 (★★★)	용돈 기입장 쓰기 (★)	정확히 계산하기 (★★)			

step 2 배틀! 내가 좋아하는 것 쓰고 말하기

① 자신이 좋아하는 것, 관심 있는 것, 하고 싶은 것, 하면서 즐 거운 것 등 20가지를 적는다.

② 4명이 한 모둠이 되어 내가 좋아하는 것 말하기 게임을 한다.

③ 모둠에서 이긴 1명씩 교실 앞으로 나와 마지막 1명이 남을 때 까지 내가 좋아하는 것 말하기 게임을 한다.

※3초 안에 말하지 못할 때, 상대방이 말한 것을 다시 말할 때, 게임의 종류나 연예인 이름, TV 프로그램을 계속 나열할 경 우에는 탈락이다.

- 3분 정도 시간을 정해 주고 게임을 하도록 합니다.
- 시간이 부족하면 모둠별로 하 는 게임은 생략하고, 8명의 지원자를 받아서 진행합니다.

1. 내가 좋아하는 가수 콘서트 가기	11. 놀이기구 타기
2. 음악 들으면서 노래 부르기	12. 그림 그리기
3. 푹신한 곳에 파묻혀 있기	13. 청소하기
4. 여행 계획 세우기	14. 박물관 가기
5. 엄마랑 쇼핑하기	15. 친구들과 놀기
6. 캘리그래피하기	16. 드론 조종하기
7. 동영상 찾아보기	17. 야구 경기 관람하기
8. 셀카찍기	18. 영화보기
9. 만화책 읽기	19. 자전거 타기
10. 맛있는 음식 먹기	20. 친구랑 메신저로 이야기하기

④ 우승자 인터뷰를 한다.
  • 학생들에게 질문을 하도록 한다.
  ※본인이나 친구가 말한 흥미 중 가장 마음에 와 닿았던 흥미는 무엇입니까?
  ※이 게임을 통해서 알게 된 것은 무엇입니까?

step 3 나의 흥미에 맞는 직업 찾아보기

① 내가 흥미 있어 하는 것 3가지를 우선순위에 따라 적는다.
② 나의 흥미와 관심 분야를 살려서 하고 싶은 일이나 직업을 3가지 적는다.

나의 흥미	하고 싶은 일이나 직업
1. 사회활동	1. 웹툰 작가
2. 예술	2. 미니어처 제작자
3. 계획하기	3. 공무원

정리 5분

① 평소 봉사활동이나 동아리활동 등 다양한 체험 활동을 통해 자신의 흥미를 탐색할 수 있다는 것을 설명한다.
② 다음 수업 시간에 배울 내용을 간략히 소개하고, 준비물이나 과제가 있으면 안내한다.

MEMO

13

가치관 경매를 통한 가치관 탐색

　　우리는 어떤 선택을 할 때 자신이 중요하다고 생각하는 것에 따라 선택하고 행동합니다. 이와 같이 어떤 선택을 해야 할 때 무엇이 중요한지에 대한 기준이 되는 가치 또는 신념을 가치관이라고 합니다. 이번 활동에서는 붙임쪽지를 활용한 가치관 경매 활동을 통해 내가 중요하게 생각하는 가치관이 무엇인지 알아봅니다. 또한 붙임쪽지에 자신의 생각을 정리하고 칠판에 붙여서 경매 활동을 하는 과정을 통해 자신의 가치관에 대해 알 수 있을 것입니다.

준비물 　활동지, 가치관 경매용 카드(B4 용지를 코팅하거나 투명 케이스에 넣어서 사용) 20장, 다양한 색깔의 붙임쪽지(1인당 5장), 칠판 부착용 자석(20개) 등

활동지

13 가치관 경매를 통한 가치관 탐색

▶ **영상을 시청하고 후회 없는 선택을 할 수 있는 방법을 적어 보자.**

> **제목** 후회 없는 선택을 하는 방법
>
> **내용** 매 순간마다 선택을 해야 하는 우리에게 후회 없이 선택하는 방법에 대해 소개한다.
>
> **출처** https://www.youtube.com/watch?v=jxyOZ3QdqfM&feature=youtu.be (01:26)

🔄 **가치관 경매하기**

- 가치관 중에서 내가 반드시 사야 한다고 생각하는 우선 순위 5개를 정한다.
- 나에게 100만 원의 돈이 있다고 가정하고, 우선 순위를 매긴 가치를 사는 데 얼마의 돈을 쓸 것인지 나의 입찰 금액을 적는다.
- 붙임쪽지 5장에 내가 사고 싶은 가치관 5가지의 가치 번호, 입찰 금액, 이름을 적어 칠판의 가치판에 붙인다.
- 가치관 항목별로 가치관 경매를 진행한다.

번호	가치관	우선 순위	나의 입찰 금액	낙찰 금액	낙찰자	비고
1	이상적인 배우자와의 결혼					
2	원하는 것을 할 수 있는 자유					
3	나라의 운명을 좌우할 수 있는 기회와 능력					
4	친구와의 우정					
5	삶을 긍정적으로 볼 수 있는 완전한 자신감					
6	행복한 가정					
7	세상에서 가장 아름답고 매력적인 외모					
8	병에 걸리지 않고 오래 사는 것					
9	개인 전용의 완벽한 도서실					
10	만족스러운 종교적 신앙					
11	마음껏 즐길 수 있는 한 달 간의 휴가					
12	평생의 경제적 안정					
13	편견 없는 세상					
14	질병과 궁핍을 없애는 기회					
15	국제적 명성과 인기					
16	삶의 의미에 대한 이해					
17	부정과 속임이 없는 세상					
18	직장에서의 자유					
19	진정한 사랑					
20	선택한 직업에서의 성공					

 도입 **5**분

① 평소 자신이 중요하게 생각하는 가치는 무엇인지 생각하면서 영상을 시청하도록 안내한다.

영상 소개

　　선택지가 많을수록 우리의 뇌는 무감각해지고, 좋은 선택을 해야 한다는 압박감에 나쁜 결정을 하게 된다. 선택을 한 이후에는 '다른 걸 고를걸.'이라고 생각하면서 후회하는 경우도 많다고 한다. 이렇게 선택을 하면 할수록 불행해지는 것을 '선택의 역설'이라고 한다.

　　우리 앞에 놓여진 많은 선택지 중 후회 없는 선택을 하려면 진짜 원하는 게 무엇인지 고민하고, 기준을 정해서 무조건 지키고, 완벽한 선택을 하려고 하지 말아야 한다. 때로는 최고보다 최선이 좋은 선택이다.

② 후회 없이 선택하는 방법이 무엇인지 적는다.

- 진짜 원하는 게 무엇인지 고민해서 선택한다.
- 기준을 정해 선택하고, 완벽한 선택을 하려고 하지 않는다.

④ 가치의 중요성에 대해 설명한다.

- 가치는 선택의 기준이 된다. 어떤 선택의 상황에서 무엇을 선택하느냐가 곧 내 속에 숨겨진 진짜 가치이다. 이처럼 가치는 우리의 진로 선택에 영향을 준다.

 TIP

영상을 시청하면서 1분 2초에서 잠깐 멈추고 활동지에 쓰게 합니다.

 step**1** **나의 가치관 우선 순위 정하기**

① 가치관 항목 중에서 내가 반드시 사야 한다고 생각하는 것의 순위를 1~5순위까지 매긴다.

② 순위를 매긴 가치를 사는 데 얼마의 돈을 쓸 것인지 나의 입찰 금액을 적는다.

- 100만 원의 돈을 한 곳에 모두 적지 않도록 하고, 5가지 가치에 분산 투자한다.
- 10,000원 단위로 금액을 적는다.

 TIP

붙임쪽지에 적을 때는 한 장에 한 개의 가치만 적고, 글씨는 굵은 펜을 이용하여 크고 바르게 쓰도록 안내해 주세요.

❸ 붙임쪽지 5장에 자신이 사고자 하는 가치 번호, 입찰 금액, 이름을 적는다.

 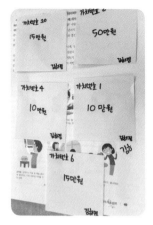

❹ 학생들이 붙임쪽지에 입찰 금액을 적는 동안 교사는 칠판에 가치 카드 20장을 부착한다.

가치 카드는 코팅하여 칠판 부착형 자석으로 붙이거나 자석형 투명 케이스에 넣어 칠판에 부착합니다.

❺ 붙임쪽지를 다 작성한 학생은 코팅된 가치 카드 위에 포스트잇을 붙인다.

나의 우선 순위 가치관에 경쟁이 치열한 걸 보니, 친구들 생각이 비슷하네.

❻ 학생들이 모두 부착했으면 우리 반의 친구들이 어떤 가치를 많이 선택했는지 활동지 비고란에 5순위까지 적어 본다.

상대적으로 적게 선택된 가치도 함께 알아봅니다.

step 2 가치관 경매하기

① 경매를 시작한다.

- 적게 붙인 것부터 경매를 하고, 그 다음엔 1번부터 차례로 경매를 한다.
- 몇 명 정도 불러주고 최고가를 쓴 사람을 낙찰자로 정한다.
- 낙찰자에게는 작은 보상을 준다.

처음부터 보상을 준다고 하지 말고, 경매하면서 낙찰자가 결정되면 주는 게 좋아요. 그렇지 않으면 보상을 받기 위해 일부러 사람이 없는 곳에 입찰할 수도 있어요.

지금부터 가치관 경매를 시작하겠습니다. 자신이 입찰한 가치관을 잘 기억해 주세요.

발표를 듣고 질문을 해도 된다고 미리 이야기하면 발표 내용을 더 잘 듣습니다.

② 낙찰 받은 학생은 왜 그 가치를 중요하게 생각하는지 간단히 발표합니다.

- 선택한 가치관을 지키기 위해 어떤 식으로 행동하거나 노력하고 있는지 등을 다른 사람들이 발표자에게 질문하도록 한다.
  - 예 친구와의 우정을 지키기 위해 어떻게 행동하나요?, 선택한 직업에서 성공하기 위해 어떤 준비를 하고 있나요? 등

③ 학생들은 낙찰 금액과 낙찰자 이름을 활동지에 쓴다.
- 낙찰 금액은 낙찰자가 그 항목을 구입한 실제 금액을 적는다.
- 낙찰자는 실제 가치관 항목을 낙찰 받은 사람의 이름을 적는다.

모든 가치를 발표하게 하면 시간이 많이 걸리므로 소수가 입찰한 가치 몇 가지만 발표하도록 합니다.

① 가치관 경매를 통해 가치관 탐색 활동을 하면서 느낀 점을 2~3명 정도 발표하도록 한다.

② 다음 수업 시간에 배울 내용을 간략히 소개하고, 필요한 준비물이 있으면 안내한다.

MEMO

14

나의 직업 가치관 알아보기

직업 가치관이란 직업을 선택할 때 영향을 끼치는 자신만의 믿음과 신념을 말합니다. 진로나 직업을 선택할 때 자신이 중요하게 생각하는 가치관을 중심으로 선택하는 경우가 많으므로 자신의 직업 가치관을 명확히 알고 있으면 직업 선택에 도움이 됩니다. 또한 직업 가치관을 충족시키는 직업을 가지면 삶에 대한 만족도가 높아집니다. 이번 활동에서는 '나의 가치 Best 10'을 통해 자신의 진로 가치를 알아봅니다. 그리고 '나의 직업 가치관 알아보기'를 통해 자신의 직업 가치관을 이해하고, 나의 직업 가치를 충족시켜줄 수 있는 직업에 대해 생각해 볼 수 있을 것입니다.

준비물 활동지, 색연필이나 사인펜 등

▶ **영상을 시청하고 빈칸에 들어갈 말을 생각해 적어 보자.**

> **제목** 박진영의 꿈과 가치
>
> **내용** 가수 겸 음반 제작자로 활동하는 박진영이 생각하는 꿈과 가치란 무엇인지 소개한다.
>
> **출처** https://tv.kakao.com/channel/2980525/cliplink/396590151 (03:22)
>
> ⏸ ▶❙ 🔊 ▬▬▬▬▬▬▬▬▬▬▬▬▬ HD ⌞⌝

■ 나는 _____ 해(되)고 싶다.

■ 나는 _____ 을(를) 위해 살고 싶다.

1 나의 진로 가치 Best 10 알아보기

• 내가 중요하다고 생각하는 진로 가치 10가지를 선택하여 색칠해 보자.

가족	건강	권위	기쁨	능력 발휘	다양성	대인 관계
도전	리더십 발휘	보수	사랑	사회적 인정	착함	성실
성장	아름다움	안전	안정성	여유	일과 여가의 균형	자유
자율성	적응	정직	종교	지혜	질서	창의성
책임	쾌적한 환경	평등	평안한 마음	평화	행복	헌신

• 위에서 찾은 진로 가치 Best 10을 아래 그래프에 배치해 보자.

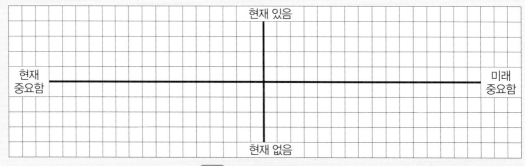

출처 커리어넷, 재미있게 놀이하는 진로 카드—반짝반짝(진로 가치). 2018.

• 진로 가치 Best 10 중에서 세 가지를 골라, 뽑은 이유와 가치를 추구하는 나의 모습을 표현해 보자.

중요한 가치	뽑은 이유	가치를 추구하는 나의 모습
예 건강	우선 건강해야 무슨 일이든 할 수 있기 때문이다.	하루에 30분 걷기, 야식과 인스턴트 음식 줄이기

2 나의 직업 가치관 알아보기

• 미래에 어떤 일을 하고 싶은지 생각해 보고, A와 B 중에서 내가 더 하고 싶은 일의 기호를 그려 선택해 보자.

A	B	선택된 기호
★ 존경과 인정을 받을 수 있는 일	♥ 남을 도와 줄 수 있는 일	
♥ 남을 도와 줄 수 있는 일	◆ 명령하며 일할 수 있는 일	
◆ 명령하며 일할 수 있는 일	● 해직 걱정 안 하고 할 수 있는 일	
● 해직 걱정 안 하고 할 수 있는 일	▶ 돈을 많이 벌 수 있는 일	
▶ 돈을 많이 벌 수 있는 일	♣ 많이 배우면서 할 수 있는 일	
♣ 많이 배우면서 할 수 있는 일	■ 내 능력을 충분히 발휘할 수 있는 일	
■ 내 능력을 충분히 발휘할 수 있는 일	◎ 나의 아이디어로 도전해 볼 수 있는 일	
◎ 나의 아이디어로 도전해 볼 수 있는 일	★ 존경과 인정을 받을 수 있는 일	
★ 존경과 인정을 받을 수 있는 일	◆ 명령하며 일할 수 있는 일	
♥ 남을 도와 줄 수 있는 일	● 해직 걱정 안 하고 할 수 있는 일	
◆ 명령하며 일할 수 있는 일	▶ 돈을 많이 벌 수 있는 일	
● 해직 걱정 안 하고 할 수 있는 일	♣ 많이 배우면서 할 수 있는 일	
▶ 돈을 많이 벌 수 있는 일	■ 내 능력을 충분히 발휘할 수 있는 일	
♣ 많이 배우면서 할 수 있는 일	◎ 나의 아이디어로 도전해 볼 수 있는 일	
■ 내 능력을 충분히 발휘할 수 있는 일	★ 존경과 인정을 받을 수 있는 일	
◎ 나의 아이디어로 도전해 볼 수 있는 일	♥ 남을 도와 줄 수 있는 일	
★ 존경과 인정을 받을 수 있는 일	● 해직 걱정 안 하고 할 수 있는 일	
♥ 남을 도와 줄 수 있는 일	▶ 돈을 많이 벌 수 있는 일	
◆ 명령하며 일할 수 있는 일	♣ 많이 배우면서 할 수 있는 일	
● 해직 걱정 안 하고 할 수 있는 일	■ 내 능력을 충분히 발휘할 수 있는 일	
▶ 돈을 많이 벌 수 있는 일	◎ 나의 아이디어로 도전해 볼 수 있는 일	
♣ 많이 배우면서 할 수 있는 일	★ 존경과 인정을 받을 수 있는 일	
■ 내 능력을 충분히 발휘할 수 있는 일	♥ 남을 도와 줄 수 있는 일	
◎ 나의 아이디어로 도전해 볼 수 있는 일	◆ 명령하며 일할 수 있는 일	
★ 존경과 인정을 받을 수 있는 일	▶ 돈을 많이 벌 수 있는 일	
♥ 남을 도와 줄 수 있는 일	♣ 많이 배우면서 할 수 있는 일	
◆ 명령하며 일할 수 있는 일	■ 내 능력을 충분히 발휘할 수 있는 일	
● 해직 걱정 안 하고 할 수 있는 일	◎ 나의 아이디어로 도전해 볼 수 있는 일	

• 선택된 기호의 개수를 적은 후에 그래프에 표시하고 연결하여 꺾은선 그래프를 그려 보자.

7								
6								
5								
4								
3								
2								
1								
개수	★ ( )	♥ ( )	◆ ( )	● ( )	▶ ( )	♣ ( )	■ ( )	◎ ( )
가치	사회적 인정	사회봉사	지도력 발휘	안정성	보수	발전성	능력 발휘	창의성

• 자신이 중요하게 생각하는 직업 가치를 순위대로 2가지를 적고, 관련 직업을 적어 보자.

내가 중요하게 생각하는 직업 가치	
나의 직업 가치관을 만족시키는 직업	

직업 가치관과 관련 직업

★ 사회적 인정	법조인, 대학교수, 아나운서, 항공 우주 공학자, 작곡가, 연출가 등
♥ 사회봉사	공무원, 미용사, 운전기사, 사회 복지사, 응급 구조사, 성직자, 소방관 등
◆ 지도력 발휘	검사, 경찰관, 운동감독, 영화감독, 교사, 의사, 지휘자, 안무가 등
● 안정성	물리 치료사, 교사, 한의사, 의사, 변리사, 손해 사정인, 철도 기관사 등
▶ 보수	감정 평가사, 공인 회계사, 관세사, 외환 딜러, 시스템 엔지니어, 로봇 연구원 등
♣ 발전성	웹디자이너, 광통신 연구원, 귀금속 세공사, 미생물학자, 기업 분석가 등
■ 능력 발휘	가수, 건축 기술자, 검사, 국제 무역가, 디자이너, 작가, 경영 컨설턴트 등
◎ 창의성	게임 기획자, 컴퓨터 프로그래머, 디자이너, 일러스트레이터, 음악가 등

도입 **5** 분

❶ 자신이 중요하게 생각하는 가치나 직업 가치관에 대해 생각하면서 영상을 시청하도록 안내한다.

영상 소개

　　가수 겸 음반 제작자로 활동하는 박진영은 20억을 벌겠다는 인생의 꿈을 25세의 나이에 이룬다. 이후 그는 K-POP을 미국에 알리기 위해 5년의 준비를 해서 미국 음반 시장에 진출을 눈앞에 두게 된다. 그러나 미국에서 *리먼 브라더스 사태가 일어나 미국의 음반 시장이 얼어 붙으면서 음반 취입은 취소가 모든 노력은 물거품이 된다. 박진영은 왜 기회조차 얻지 못하고 실패했을까라는 고민을 1년 동안 하게 되고, 고민 끝에 자신의 꿈이 잘못 되었다는 결론을 내리게 된다. 'I want to be ~'는 이루어지면 허무하고, 안 이루어지면 슬픈 꿈이고 꿈을 위한 수단이지만, 'I want to live for ~'는 무언가를 위해 살고 싶다는 것이 진짜 꿈이라고 생각하게 된다.

I want to live for ~

　　결국 꿈은 위치가 아닌 가치를 찾아가는 것이고, 어떤 가치를 갖고 살 것인가 고민하면서 답을 찾는 것이 중요하다고 이야기한다.

*리먼 브라더스 사태: 2008년에 미국의 세계적 투자 은행인 리먼 브라더스의 파산으로 시작된 금융 위기 사태

❷ 영상 시청이 끝나면 물음에 대한 생각을 쓰고 발표한다.

- 나는 가수가 되고 싶다/나는 다른 사람의 행복을 위해 살고 싶다.
- 나는 의사가 되고 싶다/나는 행복과 건강을 위해 살고 싶다.

TIP
- 첫 번째 문장에는 하고 싶은 일이나 직업을 쓰도록 합니다.
- 두 번째 문장에는 가치에 대해 쓰도록 합니다.

전개 **35** 분

step 1 **나의 진로 가치 Best 10 알아보기**

❶ 나에게 중요한 진로 가치 best 10을 선택하여 색칠한다.

가족	건강	권위	기쁨	능력 발휘	다양성	대인 관계
도전	리더십 발휘	보수	사랑	사회적 인정	착함	성실
성장	아름다움	안전	안정성	여유	일과 여가의 균형	자유
자율성	적응	정직	종교	지혜	질서	창의성
책임	쾌적한 환경	평등	평안한 마음	평화	행복	헌신

❷ ❶에서 찾은 진로 가치 Best 10을 아래 그래프에 배치해 보자.

- 현재 있고 없음의 정도에 따라 위에서 아래까지 배치한다.
- 현재도 미래도 중요한 가치는 중간쯤에 배치한다.
- 중요한 가치는 좀 더 크게 표시하도록 한다.

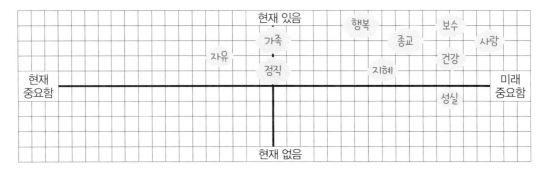

❸ 진로 가치 Best 10 중에서 세 가지를 골라, 뽑은 이유와 가치를 추구하는 나의 모습을 표현해 보자.

- '뽑은 이유'에는 자신의 생각을 적는다.
- '가치를 추구하는 나의 모습'에는 어떻게 노력하고 있는지 또는 어떻게 노력할 것인지를 적는다.

중요한 가치	뽑은 이유	가치를 추구하는 나의 모습
가족	가족은 나에게 언제나 소중한 존재이며, 가족과 함께 있어야 행복하기 때문이다.	가족과 싸우지 않기, 가족 여행 많이 다니기
사랑	사람 간에 가장 중요한 건 사랑이기 때문이다.	대인 관계 원만하게 잘하기, 친구들과 친하게 지내기
성실	무슨 일이든지 성실하게 해야 성과를 얻고 인정받을 수 있기 때문이다.	무슨 일을 하든 중간에 포기하지 않고 끝까지 노력하기

step 2 나의 직업 가치관 알아보기

❶ 미래에 나는 어떤 일을 하고 싶은지 생각해 보고, A와 B 중에서 더 하고 싶은 일의 기호를 그린다.

- A나 B라고 쓰는 것이 아니라 선택된 기호를 그린다.

❷ 선택된 기호의 개수를 적는다.

❹ 수치를 그래프에 표시하고 연결하여 꺾은선 그래프를 그린다.

- 학생들과 1~2개 정도 함께 해 보는 것이 좋아요.
- 예시를 화면에 띄워주고 참고하게 합니다.
- 막대그래프로 그려도 됩니다.

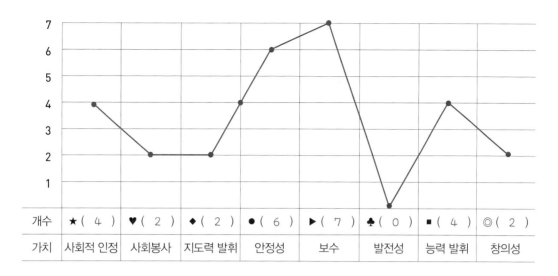

개수	★ (4)	♥ (2)	◆ (2)	● (6)	▶ (7)	♣ (0)	■ (4)	◎ (2)
가치	사회적 인정	사회봉사	지도력 발휘	안정성	보수	발전성	능력 발휘	창의성

❸ 자신이 중요하게 생각하는 직업 가치를 순위대로 2가지를 적고, 관련 직업을 적어 보자.

내가 중요하게 생각하는 직업 가치	보수, 안정성
나의 직업 가치관을 만족시키는 직업	교사, 공인 회계사

• 4~5명 정도 발표한다.
• 발표한 내용을 듣고 다른 사람이 발표자에게 궁금한 내용을 질문하도록 한다.

 정리 ⑤분

❶ 인터넷을 활용하여 직업 가치관 검사를 하고 결과를 정리해 볼 수 있도록 안내한다.
   • 커리어넷(http://www.career.go.kr)→진로 심리 검사→중 · 고등학생용 심리 검사→직업 가치관 검사
   • 워크넷(http://www.work.go.kr)→직업 · 진로→직업 심리 검사→청소년 심리 검사 실시→직업 가치관 검사
❷ 다음 수업 시간에 배울 내용을 간략히 소개하고, 필요한 준비물이 있으면 안내한다.

MEMO

15

나의 성격 탐색하기

　　다양한 상황이나 대인 관계에서 비교적 일관성 있게 지속적으로 나타나는 개인의 개성이나 고유한 성질을 성격이라고 합니다. 성격은 직업을 수행하는 데 큰 영향을 미치기 때문에 자신의 성격을 파악하고, 그 성격에 맞는 직업이 무엇인지 검토하여 그에 맞는 진로를 선택하는 것이 바람직합니다. 이번 활동에서는 내가 생각하는 나의 성격, 친구가 알려준 나의 성격, 내가 가지고 싶은 성격을 종합하여 알아보고, MBTI 성격 유형 검사를 통해 자신의 성격을 좀 더 객관적으로 파악할 수 있습니다.

준비물　활동지, MBTI 성격 유형 검시지, 형광펜 등

▶ 영상을 시청하고 나는 어떤 유형인지 생각해 보자.

제목 MBTI 유형별 팀플 스타일

내용 팀플(조별 과제나 팀프로젝트)에 임하는 태도를 MBTI 유형별로 구분하여 소개한다.

출처 https://www.youtube.com/watch?v=LB-EJyRhHuw (03:43)

⏸ ⏭ 🔊 ▬▬▬▬▬▬▬ HD [+]

1 친구와 함께 나의 성격 알아보기

· 평소 나의 성격과 잘 맞다고 생각하는 내용을 10개 골라 형광펜으로 색칠해 보자.
· 친구 5명을 만나 자신의 성격과 잘 맞는 내용을 5개 골라 ♥를 표시해 달라고 부탁한다.

재미있는 ( )	리더십이 있는 ( )	직관적인 ( )	꼼꼼한 ( )	덤벙대는 ( )	창의적인 ( )	모험을 즐기는 ( )
자기주장이 강한 ( )	상상력이 풍부한 ( )	자기 표현을 잘하는 ( )	계획을 잘 세우는 ( )	융통성이 많은 ( )	따뜻한 ( )	낙천적인 ( )
변덕스런 ( )	점잖은 ( )	책임감 있는 ( )	승부욕 있는 ( )	명랑한 ( )	조용한 ( )	사려 깊은 ( )
상냥한 ( )	잘 참는 ( )	침착한 ( )	터프한 ( )	활동적인 ( )	호기심 많은 ( )	현명한 ( )
순종적인 ( )	용기 있는 ( )	성실한 ( )	사교적인 ( )	무모한 ( )	재치 있는 ( )	실천을 잘하는 ( )
단순한 ( )	겸손한 ( )	수줍어하는 ( )	고상한 ( )	이성적인 ( )	너그러운 ( )	씩씩한 ( )
끈질긴 ( )	예의바른 ( )	솔직한 ( )	외향적인 ( )	엉뚱한 ( )	양심적인 ( )	우아한 ( )
긍정적인 ( )	선호가 분명한 ( )	정직한 ( )	순진한 ( )	감정적인 ( )	근면한 ( )	믿을만한 ( )
내성적인 ( )	이해심 많은 ( )	느긋한 ( )	수다스러운 ( )	영리한 ( )	지적인 ( )	다정한 ( )

출처 커리어넷, 2015 창의적 진로 개발 활동지-중학교.

만난 친구 ⬭ ⬭ ⬭ ⬭ ⬭

· 나에게는 없지만 갖고 싶은 성격을 적어 보자.

___

• 내가 선택한 성격, 친구가 골라준 성격, 내가 가지고 싶은 성격을 종합하여 문장으로 표현해 보자.

예 나는 창의력이 부족하고 무모하지만 신중하고 따뜻하며 융통성 있고 쾌활한 성격을 가지고 싶다.

---

2 MBTI 성격 유형 검사해 보기

• 각각의 문장을 읽고 자신에게 어울리고 편안한 것에 체크해 보자.

• 왼쪽과 오른쪽의 내용 중에서 개수가 많은 유형의 알파벳을 아래 빈칸에 적는다.

I 정신적 에너지의 방향	외향형(E)	표시	내향형(I)	표시
	여러 친구들과 넓게 사귄다.		몇 명의 친구들과 깊이 사귄다.	
	책을 읽는 것보다 사람 만나는 게 더 좋다.		사람 만나는 것보다 책 읽는 게 더 좋다.	
	모임에서 말이 많은 편이다.		누가 물어볼 경우에만 대답한다.	
	내 기분을 즉시 남에게 알린다.		내 기분을 마음 속에만 간직하고 있다.	
	친구들과 함께 즐기는 놀이가 좋다.		혼자 하는 놀이가 좋다.	
	많은 친구들에게 얘기하길 좋아한다.		친한 친구들에게 얘기하길 좋아한다.	
	친구들과 함께 공부하면 잘 된다.		나는 혼자 공부하면 더 잘 된다.	
	생각과 느낌을 말로 표현하는 것이 편하다.		생각과 느낌을 글로 표현하는 것이 편하다.	
	활발하고 적극적이라는 말을 많이 듣는다.		조용하고 차분하다는 말을 많이 듣는다.	

• E와 I 중에서 나는?

II 정보 수집·정보 인식	감각형(S)	표시	직관형(N)	표시
	구체적이고 꼼꼼하다는 평을 듣는다.		아이디어가 많고 상상적이다.	
	반복적인 일을 잘한다.		창의적이고 독창적인 일을 좋아한다.	
	자세한 내용을 잘 암기할 수 있다.		부분보다는 전체의 틀이 잘 보인다.	
	남이 하는 대로 따라하는 것이 편하다.		스스로 나만의 방법을 만드는 게 편하다.	
	그려진 그림에 색칠하는 것이 더 좋다.		직접 선을 긋고 색칠하는 게 더 좋다.	
	현재 일어나는 일에 관심이 많다.		미래에 관심이 많다.	
	'그게 진짜야?.'라는 식의 질문을 한다.		기발한 질문을 많이 하는 편이다.	
	어려운 일에 부딪히면 하던 일을 잘 못한다.		어려운 일에 부딪히면 도전하고 싶은 마음이 생긴다.	
	부지런하고 성실하다는 평을 듣는다.		기발하고 엉뚱하다는 평을 듣는다.	

• S와 N 중에서 나는?

Ⅲ 판단과 결정	T(사고형)	표시	F(감정형)	표시
	똑똑한 사람으로 인정받고 싶다.		따뜻한 사람으로 인정받고 싶다.	
	'왜'라는 질문을 자주 한다.		남의 말을 잘 따르는 편이다.	
	야단을 맞아도 울지 않는 편이다.		야단을 맞으면 눈물을 참을 수 없다.	
	꼬치꼬치 따지기를 잘 하는 편이다.		협조적이고 순한 편이다.	
	원리와 원칙을 중시한다.		사람과의 관계에 관심이 많다.	
	논리적으로 설명을 잘한다.		이야기에 요점이 없을 때가 있다.	
	의지가 강한 편이다.		인정이 많다는 말을 듣는 편이다.	
	악당이 당하는 장면은 통쾌하다.		악당이지만 그래도 불쌍하다.	
	결정하는 일이 어렵지 않다.		결정 내리는 것이 어렵다.	

• T와 F 중에서 나는?

Ⅳ 생활양식	계획형(J)	표시	즉흥형(P)	표시
	공부나 일을 먼저 하고 논다.		먼저 놀고 난 후에 공부나 일을 한다.	
	정리 정돈된 깨끗한 방이 좋다.		방이 어지러워도 상관없다.	
	계획을 세워 일이나 공부를 한다.		그때그때 융통성 있게 한다.	
	규칙적인 생활을 하는 편이다.		상황에 따라 유연하게 행동한다.	
	과제물이나 준비물을 잘 챙긴다.		과제물이나 준비물을 잘 잊어버린다.	
	목표가 뚜렷하고 실천을 잘한다.		색다른 것이 좋고 짧은 공상을 잘한다.	
	남의 지시에 잘 따른다.		내 마음에 따라 행동한다.	
	약속을 잘 지킨다.		가끔 약속을 잊어버린다.	
	한 번에 한 가지 일만 한다.		동시에 여러 가지 일을 할 수 있다.	

• J와 P 중에서 나는?

• 검사 결과를 바탕으로 체크한 것이 더 많은 4가지 유형의 알파벳을 각각 적는다.

Ⅰ   Ⅱ   Ⅲ   Ⅳ

• 검사 결과를 바탕으로 나의 성격 유형과 특성, 관심 직업을 정리해 보자.

MBTI 성격 유형	특징	관심 직업

MBTI 16가지 성격 유형별 특징과 관련 직업

성격 유형	특징	관련 직업
ISTJ 세상의 소금형	실제 사실에 대해 정확하고 체계적으로 기억하며 일처리에 신중하고 책임감이 강하다.	경찰, 회계사, 교사, 전기기사, 경영 컨설턴트, 병리학의사, 공무원, 엔지니어, 도시개발 기술자, 중소기업 관리자, 장교, 법관 등
ISTP 백과사전형	일상생활 적응력이 뛰어나고 도구나 재료를 잘 다룬다. 사실을 조직화하는 재능이 뛰어나다.	군인, 전기 전자 엔지니어, 기계공, 수리공, 기술자, 농부, 운송기사, 비행기 조종사, 치과 위생사, 경찰, 첩보원, 목수, 스포츠 선수, 카레이서, 스포츠 전문가, 교정직 사무원, 광고 디자이너 등
ISFJ 임금 뒤편의 권력형	책임감이 강하고 온정적이며 헌신적이고 침착하며 인내력이 강하다.	성직자, 간호사, 사무 관리자, 교사, 헤어 디자이너, 항공 공학자, 요식업 종사자, 아동 보육사, 영양사 등
ISFP 성인 군자형	타인에 대해 동정적이고 따뜻하며 겸손하다. 사람과 관련된 일에 관심이 많고, 헌신적으로 일을 한다.	동물 조련사, 사무 관리자, 기계 조작원, 형사, 간호사, 정원사, 보석상, 헤어 디자이너, 요리사 등
ESTP 수완 좋은 활동가형	상황에 관계된 것들을 잘 파악하고 많은 사실들을 기억한다. 논리적이고 분석적으로 일한다.	마케팅 전문가, 세일즈, 형사, 경찰관, 교도관, 무역업, 공예, 자영업, 군인, 검사, 운동가, 약사, 전기기사 등
ESTJ 사업가형	실질적이고 현실감이 뛰어나며 일을 조직하고 계획하여 추진시키는 능력이 있다.	사업가, 행정관리, 생산건축, 구매 담당원, 회계사, 보험 설계사, 약사, 변호사, 판사, 프로젝트 매니저, 장교 등
ESFP 사교적인 유형	현실적이고 실제적이며 친절하다. 어떤 상황이든 잘 적용하며 수용력이 강하고 사교적이다.	회계원, 연예인, 의료판매, 교통, 예술가, 영화 프로듀서, 수의사, 간호직, 비서직, 유치원교사 등
ESFJ 친선 도모형	동정심이 많고 다른 사람에게 관심을 쏟고 협동을 중시한다. 동료애가 많고 친절하다.	교사, 행정가, 헤어 디자이너, 성직, 판매, 간호 업무, 사회 사업가, 언어 치료사, 의료분야, 경호원 등
INFJ 예언자형	창의력과 통찰력이 뛰어나고, 사람의 가치를 중요하게 여긴다. 직관력이 필요한 분야에서 능력을 발휘한다.	종교 교육 지도가, 순수 예술가, 사이코드라마 치료사, 목사, 의사, 심리학자, 상담사, 언론 매체 전문가, 행정가, 마케팅 전문가 등
INFP 잔다르크형	통찰력이 있으며, 새로운 아이디어와 호기심이 많다. 언어와 예술 분야에 재능이 있다.	연예인, 순수 예술가, 정신과 의사, 상담사, 건축가, 편집자, 연구 보조원, 언론인, 심리학자, 작가, 소설가, 성직가, 교수 등
INTJ 과학자형	독창적이며 통찰력이 뛰어나다. 복잡한 문제를 잘 다루고 목표 지향적이다.	건축가, 변호사, 컴퓨터 전문가, 행정부 관리자, 경영 컨설턴트, 과학자, 기술자, 연구 보조원, 디자이너, 의사, 사회봉사 사업가, 건축사, 사업 분석가, 컴퓨터 프로그래머 등
INTP 아이디어 뱅크형	분석적이고 논리적이며 아이디어에 관심이 많다. 지적인 호기심이 필요한 분야에서 능력을 발휘한다.	화학자, 수학자, 컴퓨터 전문가, 건축가, 연구 보조원, 순수 예술가, 법률가, 요식업자, 분석가, 논리학자, 철학자, 작가, 신문 방송인, 행정 관리자, 전략 기획가 등
ENFP 스파크형	열정적이고 상상력이 풍부하다. 반복적인 것보다는 새로운 가능성을 추구하는 경향이 있다.	기자, 상담사, 청소년 상담사, 작가, 교사, 정치인, 극작가, 성직자, 배우, 사회 사업가, 예술가, 언어 치료사 등
ENFJ 언변 능숙형	의사소통이 뛰어나서 사람을 다루는 분야에서 능력을 발휘한다. 동정심이 있고 사교적이다.	카피라이터, 목사, 종교 교육 지도자, 교사, 배우, 외판원, 상담사, PD, 경영인, 판매자, 아나운서, 예술가, 작가, 의사 등
ENTP 발명가형	늘 새로움을 추구하고 창의적이다. 복잡한 문제에 대한 해결 능력이 뛰어나고, 여러 방면에 다재다능하다.	발명가, 과학자, 신문방송인, 기업가, 마케팅 전문가, 배우, 정신과 의사, 컴퓨터 시스템 분석가, 건축가 등
ENTJ 지도자형	솔직하고 결단력이 있고 통솔력이 뛰어난다. 일처리를 하기 위해서 사전 준비가 철저하고, 잘못된 것은 반드시 바로 잡고 넘어간다.	판매 관리자, 건축가, 행정부 지도자, 경찰관, 컨설턴트, 학교장, 마케팅 선문가, 판사, 경제 분석가, 경영 컨설턴트, 기업가, 장교 등

 도입 **5** 분

❶ 자신의 성격에 대해 생각하면서 영상을 시청하도록 안내한다.

영상 소개

　　MBTI(Myers-Briggs Type Indicator)는 마이어스(Myers)와 브릭스(Briggs)가 스위스의 정신분석학자인 카를 융(Carl Jung)의 심리 유형론을 토대로 고안한 자기 보고식 성격 유형 검사 도구다. MBTI는 사람의 성격을 4가지 선호 경향에 따라 총 16가지 성격 유형으로 구분한다. 네 가지 선호 경향은 정신적 에너지의 방향성을 나타내는 외향(E)-내향(I), 정보 수집을 포함한 인식의 기능을 나타내는 감각(S)-직관(N), 수집한 정보를 토대로 합리적으로 판단하고 결정 내리는 사고(T)-감정(F), 인식 기능과 판단 기능이 실생활에서 적용되어 나타난 생활 양식을 보여 주는 판단(J)-인식(P)이다.

　　MBTI는 이 네 가지 선호 경향이 조합된 양식을 통해 16가지 성격 유형을 설명하여, 성격적 특성과 행동의 관계를 이해하도록 돕는다. 제시된 영상은 대학생들이 팀플을 할 때 팀원들의 성격을 MBTI 16가지 유형으로 구분하여 제시하고 있다.

❷ 영상 시청이 끝나면 자신은 16가지 성격 유형 중 어디에 속할지 생각해 보도록 한다.

❸ 성격과 진로의 연관성에 대해 설명한다.

• 성격은 우리의 진로와 직업에 영향을 끼친다. 자신의 성격에 맞는 일을 하면 그 일을 오래 지속하며 만족감을 느끼지만, 맞지 않으면 하는 일에서 어려움을 느낀다. 따라서 자신의 성격을 알고 이에 맞는 진로와 직업을 찾는 것이 필요하다.

• 성격을 탐색할 때 자신이 어떤 환경에서 편안함을 느끼는지, 친구나 부모님은 자신의 성격을 어떻게 보는지 관찰하는 것이 필요하다. 또한 검사를 통해 자신의 성격 유형을 알아보는 것도 좋은 방법이다.

 **전개** **30** 분

step 1 **친구와 함께 나의 성격 알아보기**

❶ 평소 나의 성격과 잘 맞는다고 생각하는 내용을 10개 골라 형광펜으로 색칠해 보자.

• 내용이 보이도록 형광펜으로 색칠해요.
• 5분 정도 시간을 주고 교실 안에서 자유롭게 친구를 만나 활동할 수 있게 합니다.

❷ 친구 5명을 만나 자신의 성격과 잘 맞는 내용을 5개 골라 ♥를 표시해 달라고 부탁한다.

❸ 만난 친구 이름은 아래 빈칸에 적는다.

재미있는 (♥)	리더십이 있는 ( )	직관적인 ( )	꼼꼼한 ( )	덤벙대는 (♥)	창의적인 ( )	모험을 즐기는 (♥)
자기주장이 강한 ( )	상상력이 풍부한 ( )	자기 표현을 잘하는 (♥)	계획을 잘 세우는 (♥♥♥)	융통성이 많은 (♥)	따뜻한 ( )	낙천적인 ( )
변덕스런 (♥)	점잖은 ( )	책임감 있는 (♥)	승부욕 있는 ( )	명랑한 ( )	조용한 ( )	사려 깊은 ( )
상냥한 ( )	잘 참는 ( )	침착한 ( )	터프한 ( )	활동적인 (♥♥♥♥)	호기심 많은 (♥)	현명한 ( )
순종적인 ( )	용기 있는 ( )	성실한 ( )	사교적인 ( )	무모한 ( )	재치 있는 (♥♥)	실천을 잘하는 (♥)
단순한 ( )	겸손한 ( )	수줍어하는 ( )	고상한 ( )	이성적인 ( )	너그러운 ( )	씩씩한 ( )
끈질긴 ( )	예의바른 ( )	솔직한 ( )	외향적인 ( )	엉뚱한 (♥♥)	양심적인 ( )	우아한 ( )
긍정적인 (♥♥♥)	선호가 분명한 ( )	말이 적은 ( )	순진한 ( )	감정적인 ( )	근면한 ( )	믿을만한 ( )
내성적인 ( )	이해심 많은 ( )	느긋한 ( )	수다스러운 (♥)	영리한 ( )	지적인 ( )	다정한 ( )

만난 친구   정○○   윤○○   강○○   민○○   이○○

❹ 나에게는 없지만 갖고 싶은 성격을 적어 본다.

리더십이 있는, 이성적인, 지적인, 이해심이 많은
_____

❺ 내가 선택한 성격과 친구가 선택해 준 성격, 내가 가지고 싶은 성격을 종합하여 나의 성격을 한 문장으로 표현해 본다.

• 고치고 싶은 성격, 좋은 성격, 가지고 싶은 성격 등을 넣어서 만들도록 안내한다.

나는 덤벙대지만 솔직하고 긍정적이며 계획을 잘 세우는 성격인데, 끈질기고 근면한 성격을 가지고 싶다.

• 고치고 싶은 성격이 없다면 좋은 성격, 가지고 싶은 성격만으로 문장을 만든다.

예 나는 정직하고 사교적인데, 승부욕이 있고 자기 표현을 잘하는 사람이 되고 싶다.

❻ 5~6명 정도 발표를 듣고, 다음과 같은 질문을 한다.

• 친구에게 받은 성격 카드 중 마음에 드는 것은 무엇인가?
• 친구에게 받은 카드 중 의외인 것은 무엇인가?
• 나에게 없지만 갖고 싶은 성격은 무엇인가?
• 종합적인 나의 성격은 무엇인가?

TIP
시간이 부족하면 학생들에게 과제로 부여합니다.

step 2 MBTI 성격 유형 검사해 보기

① 성격 유형 검사 문항을 읽고 왼쪽과 오른쪽 문항 중 자신을 더 잘 설명한다고 생각되는 문항에 표시를 한다(한 개 정도 학생들과 함께 해 본다).

② 검사 결과를 바탕으로 체크한 곳이 더 많은 유형의 알파벳을 각각 적는다.

- 주어진 문항을 너무 깊게 생각하지 말고 평소 자신의 모습을 생각하며 체크할 수 있도록 지도한다.
- 문항의 내용은 좋고 나쁘고의 문제가 아니라는 것을 설명한다.
- 한 번 체크한 후에 수정은 가능하지만 처음에 생각한 것이 자신의 유형일 수 있다는 설명을 한다.

I 정신적 에너지의 방향	외향형(E)	표시	내향형(I)	표시
	여러 친구들과 넓게 사귄다.	✓	몇 명의 친구들과 깊이 사귄다.	
	책을 읽는 것보다 사람 만나는 게 더 좋다.		사람 만나는 것보다 책 읽는 게 더 좋다.	✓
	모임에서 말이 많은 편이다.	✓	누가 물어볼 경우에만 대답한다.	
	내 기분을 즉시 남에게 알린다.		내 기분을 마음 속에만 간직하고 있다.	✓
	친구들과 함께 즐기는 놀이가 좋다.	✓	혼자 하는 놀이가 좋다.	
	많은 친구들에게 얘기하길 좋아한다.	✓	친한 친구들에게 얘기하길 좋아한다.	
	친구들과 함께 공부하면 잘 된다.	✓	나는 혼자 공부하면 더 잘 된다.	
	생각과 느낌을 말로 표현하는 것이 편하다.		생각과 느낌을 글로 표현하는 것이 편하다.	✓
	활발하고 적극적이라는 말을 많이 듣는다.	✓	조용하고 차분하다는 말을 많이 듣는다.	

· E와 I 중에서 나는?　E

II 정보 수집 · 정보 인식	감각형(S)	표시	직관형(N)	표시
	구체적이고 꼼꼼하다는 평을 듣는다.		아이디어가 많고 상상적이다.	✓
	반복적인 일을 잘한다.		창의적이고 독창적인 일을 좋아한다.	✓
	자세한 내용을 잘 암기할 수 있다.	✓	부분보다는 전체의 틀이 잘 보인다.	
	남이 하는 대로 따라하는 것이 편하다.		스스로 나만의 방법을 만드는 게 편하다.	✓
	그려진 그림에 색칠하는 것이 더 좋다.	✓	직접 선을 긋고 색칠하는 게 더 좋다.	
	현재 일어나는 일에 관심이 많다.	✓	미래에 관심이 많다.	
	'그게 진짜야.' 라는 식의 질문을 한다.		기발한 질문을 많이 하는 편이다.	✓
	어려운 일에 부딪히면 하던 일을 잘 못한다.		어려운 일에 부딪히면 도전하고 싶은 마음이 생긴다.	✓
	부지런하고 성실하다는 평을 듣는다.		기발하고 엉뚱하다는 평을 듣는다.	✓

· S와 N 중에서 나는?　N

III 판단과 결정	T(사고형)	표시	F(감정형)	표시
	똑똑한 사람으로 인정받고 싶다.		따뜻한 사람으로 인정받고 싶다.	✓
	'왜'라는 질문을 자주 한다.		남의 말을 잘 따르는 편이다.	✓
	야단을 맞아도 울지 않는 편이다.	✓	야단을 맞으면 눈물을 참을 수 없다.	
	꼬치꼬치 따지기를 잘 하는 편이다.		협조적이고 순한 편이다.	✓
	원리와 원칙을 중시한다.		사람과의 관계에 관심이 많다.	✓
	논리적으로 설명을 잘한다.	✓	이야기에 요점이 없을 때가 있다.	
	의지가 강한 편이다.		인정이 많다는 말을 듣는 편이다.	✓
	악당이 당하는 장면은 통쾌하다.		악당이지만 그래도 불쌍하다.	✓
	결정하는 일이 어렵지 않다.	✓	결정 내리는 것이 어렵다.	

· T와 F 중에서 나는?　F

	계획형(J)	표시		즉흥형(P)	표시
Ⅳ 생활양식	공부나 일을 먼저 하고 논다.			먼저 놀고 난 후에 공부나 일을 한다.	✓
	정리 정돈된 깨끗한 방이 좋다.	✓		방이 어지러워도 상관없다.	
	계획을 세워 일이나 공부를 한다.	✓		그때그때 융통성 있게 한다.	
	규칙적인 생활을 하는 편이다.	✓		상황에 따라 유연하게 행동한다.	
	과제물이나 준비물을 잘 챙긴다.			과제물이나 준비물을 잘 잊어버린다.	✓
	목표가 뚜렷하고 실천을 잘한다.	✓		색다른 것이 좋고 짧은 공상을 잘한다.	
	남의 지시에 잘 따른다.	✓		내 마음에 따라 행동한다.	
	약속을 잘 지킨다.	✓		가끔 약속을 잊어버린다.	
	한 번에 한 가지 일만 한다.			동시에 여러 가지 일을 할 수 있다.	✓

· J와 P 중에서 나는? J

③ 모든 검사가 끝나면 각각의 알파벳 대문자를 적는다.

Ⅰ E   Ⅱ N   Ⅲ F   Ⅳ J

④ 나의 성격 유형을 참고하여, 성격 특성과 나에게 적합한 직업 3가지를 찾아 적는다.

MBTI 성격 유형	특징	관심 직업
ENFJ (언변 능숙형)	• 동정심이 있고 사교적이다. • 의사소통이 뛰어나서 사람을 다루는 분야에 능력을 발휘한다.	상담사, 교사, 작가

정리 10 분

① 영상 자료를 이용하여 MBTI에 대해 간단히 설명한다.

> ○ 제목: 나도 모르는 나의 성격, MBTI로 알 수 있다
>
> ○ 내용: MBT는 4가지 양극적 선호 경향으로 구성되는데, 선호 경향이란 교육이나 환경의 영향을 받기 이전에 인간에게 잠재되어 있는 선천적 심리 경향을 말한다. 각 개인은 자신의 기질과 성향에 따라 4가지 양극 척도에서 둘 중 하나의 범주에 속하게 된다.
>
> ○ 출처: https://youtu.be/hVzZzXDIjZM(03:40)

| 외향형(E) (Extroversion) | 정신적 에너지 방향성 ↔ | 내향형(I) (Introversion) | 감각형(S) (Sensing) | 정보 수집 · 정보 인식 ↔ | 직관형(N) (iNtuition) |
| 사고형(T) (Thinking) | 판단과 결정 ↔ | 감정형(F) (Feeling) | 판단형(J) (Judging) | 생활양식 ↔ | 인식형(P) (Perceiving) |

② 수업 시간에 하는 검사는 간이 검사이기 때문에 전문 연구기관을 통해 검사를 받으면 좀 더 정확한 결과를 얻을 수 있다는 것을 설명한다.

③ 다음 수업 시간에 배울 내용을 간략히 소개하고, 필요한 준비물이 있으면 안내한다.

MEMO

16

종합적인 나의 특성 이해하기

나에게 맞는 진로와 직업을 선택하기 위해서는 흥미, 적성, 가치관, 성격 등 자신의 특성과 신체 조건, 주변 환경 등 현실 여건들을 종합적으로 정리하여 자신의 모습을 바르게 이해해야 합니다. 이번 활동은 지금까지의 활동을 통해서 알게 된 자신의 특성을 미니북에 정리해 보는 시간입니다. 나의 꿈과 관련된 표지를 만들고 자신의 버킷 리스트, 장점시, 흥미 뇌구조, 홀랜드 육각형, 다중 지능 프로파일, 가치 BEST 10, MBTI 성격 유형, 미래의 나에게 쓰는 편지 등의 활동을 통해 종합적으로 자신의 특성을 정리할 수 있습니다.

준비물 활동지, B4 용지, 기위나 칼, 색연필, 사인펜 등

▶ 영상을 시청하고 무슨 일을 해야 할지 모를 때 우선 어떤 일을 시작하면 좋을지 적어 보자.

제목	뭘 해도 괜찮아.
내용	자신이 뭘 해야 될지 모르는 사람에게 가야 할 방향을 제시해 주는 영상이다.
출처	https://www.youtube.com/watch?v=nZhC1cLcNeg&feature=youtu.be (05:26)

⏸ ⏭ 🔊 ▬▬▬●―――――――― HD ⌞⁺⌝

---

1 나의 특성 종합하기

• 흥미, 적성, 가치관, 성격 탐색 활동 결과를 종합하여 정리해 보자.

구분	결과	특징	추천 직업 중 관심 직업
흥미			
적성			
직업 가치관			
성격(MBTI)			

• 나의 신체적 조건과 주변 환경을 정리해 보자.

신체 조건	키	시력	
	기타		
주변 환경	가정	📌 부모님께서는 나의 의견을 존중해 주심.	
	학교	📌 도보로 등하교가 가능하고, 친구들과 잘 지내고 있음.	

• 검사별로 공통되게 나온 직업이나 내가 원하는 직업을 적어 보자.

---

2 나의 특성 미니북 만들기

· B4 용지를 이용하여 8면의 미니북을 만들고, 나의 특성을 종합적으로 정리하여 예쁘게 꾸며 보자.

8칸으로 접어
평면으로 쫙 편다.

가운데 두 마디를
칼로 자른다.

쫙 펴기

칼로 자른 가운데
두 마디를 바깥쪽으로
당기며 접는다.

가운데 두 마디 칼로 자르기

상하로
반을 접는다.

반으로 접어
완성한다.

표지

★☆ 완성

가로로 반접기

자른 부분을 바깥쪽으로
당기며 접기

반으로 접으면

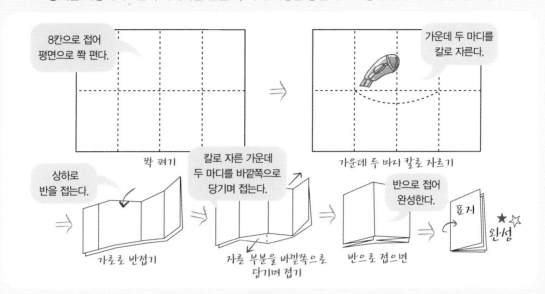

1면 나의 꿈과 관련된 표지

2면 나의 버킷 리스트
(10개 이상)

3면 나의 장점
· 나의 장점시 쓰기

4면 나의 흥미
· 흥미 뇌 구조 그리기
· 나의 홀랜드 흥미 육각형 그리기

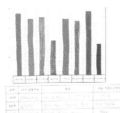

5면 나의 적성
· 다중 지능으로 프로파일
그리기

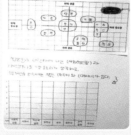

6면 나의 진로 가치관
· 나의 진로 가치 BEST 10
· 직업 가치관 그래프 그리기

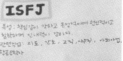

7면 나의 성격
· 나의 성격 특성 문장
· MBTI 성격 유형, 특성, 관련 직업

8면 미래의 나에게 쓰는 편지
· 꿈을 이룬 행복한 모습의 나에
게 쓰는 편지(10줄 정도)

 도입 10분

❶ 지금까지의 활동을 통해 알게 된 자신의 모습에 대해 생각하면서 영상을 시청하도록 안내한다.

영상 소개

　한 분야에서 성공하기 위해서는 무식해져야 한다. 무식해지라는 것은 바보가 되라는 말이 아니라 끝을 계산하지 말라는 것이다. 그 끝은 끝까지 가봐야 알 수 있기 때문이다.

　길은 나아가면서 만들어 가는 것이다. 그냥 자기가 좋아하는 것을 실행해 보면 된다. 그런 뒤에 재미가 없다면 바로 다음 행동으로 이어지면 되는 것이다. 그렇다면 무슨 일을 하면 좋을까? 일단 관심이 가는 것, 눈에 밟히는 것, 손에 잡히는 것을 골라 시작해 보자. 그리고 방황은 좋아하는 것을 찾기 위한 노력의 증거로 나에게 맞는 길을 찾기 위해 여러 가능성을 찔러보는 과정이다. 그래서 방황하고 있다는 것은 역설적으로 올바른 길을 가고 있다는 것이다.

　실패를 겪더라도 능동적인 삶의 자세를 배우는 것이 진짜 진로를 개척하는 공부이다. 꿈이라면 이루어가는 과정까지 행복해야 한다. 무식한 사람들이 계속해서 좋아하는 일을 할 수 있었던 이유는 행복했기 때문이다. 성공해서 행복한 것이 아니라, 행복했기 때문에 성공한 것이다.

❷ 영상의 3분 10초 정도에 잠깐 멈추하고 물음에 대한 답을 적는다.

　• 관심이 가는 것, 눈에 밟히는 것, 손에 잡히는 것을 우선 시작한다.

 **전개** 30분

step**1** **나의 특성 종합하기**

❶ 흥미, 적성, 직업 가치관, 성격 탐색 활동 결과를 종합하여 정리해 본다.

지금까지의 활동을 종합하여 정리하는 활동이므로 자신의 특성을 전체적으로 검토하고 정리한 후에 활동이 이루어지도록 합니다.

구분	결과	특징	추천 직업 중 관심 직업
흥미	예술형	• 자신을 잘 꾸밀 수 있다. • 상상력, 감정이 풍부하다.	연주가(피아니스트)
적성	음악 능력	• 화음을 잘 넣고, 음에 대한 감각이 좋다.	가수, 음악 치료사
직업 가치관	창의성	• 자신의 아이디어를 내어 새로운 시도를 할 수 있다.	음악가
성격(MBTI)	ENFP	• 따뜻하고 정열적이고 활기에 넘치며, 재능이 많고 상상력이 풍부하다.	예술가

❷ 나의 신체적 조건과 주변 환경을 정리해 본다.

신체 조건	키	키가 작은 편이지만 계속 성장하고 있음.	시력	좋은 편임
	기타	건강 하나는 월드 클래스급이라고 자부함.		
주변 환경	가정	예 부모님께서는 나의 의견을 존중해 주심. 경제적으로 넉넉한 편은 아니지만 부모님은 나의 꿈을 항상 응원해 주심.		
	학교	예 도보로 등하교가 가능하고, 친구들과 잘 지내고 있음. 성적은 중간 정도이고 음악, 미술 등 예술 교과에 관심이 많고, 친구들과 원만하고 잘 지내고 있음.		

자신의 상황을 숨기거나 포장하지 않고 있는 그대로 적을 수 있도록 지도합니다.

❸ 검사별로 공통되게 나온 직업이나 내가 원하는 직업을 적어 본다.

음악가, 예술가, 교사

step 2 나의 특성 미니북 만들기

❶ B4용지를 이용하여 8면의 미니북을 만든다.

❷ 나의 특성을 종합하여 미니북에 정리한다.

❸ 색펜을 이용하여 예쁘게 꾸민다.

칼이나 가위를 사용하므로 안전에 유의하고, 만드는 데 서툰 학생은 교사나 다른 친구의 도움을 받을 수 있도록 합니다.

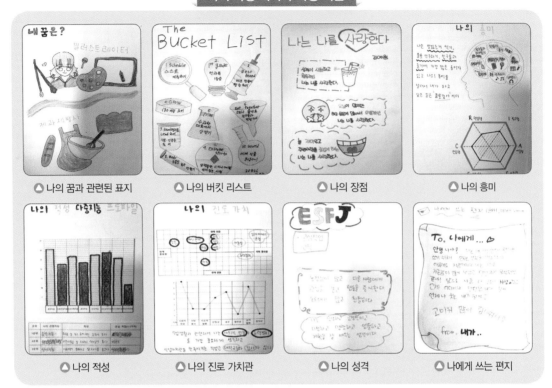

나의 특성 미니북 학생 작품

△ 나의 꿈과 관련된 표지

△ 나의 버킷 리스트

△ 나의 장점

△ 나의 흥미

△ 나의 적성

△ 나의 진로 가치관

△ 나의 성격

△ 나에게 쓰는 편지

❷ 완성된 미니북은 학교 축제나 전시회에 전시하여 여러 사람에게 소개한다.

 정리 (5 분)

❶ 자신의 특성을 종합하여 공통된 직업이나 원하는 직업에 대해 알아볼 수 있도록 안내한다.

  ※커리어넷(http://www.career.go.kr) → 직업 정보 → 직업 정보/해외 직업/직업인 인터뷰

❷ 다음 수업 시간에 배울 내용을 간략히 소개하고, 필요한 준비물이나 과제가 있으면 안내한다.

17

행복한 교실 만들기

　성공적인 진로와 행복한 삶을 위해서는 가족, 친구 등 주변 사람들과 적절한 관계를 맺을 수 있는 대인 관계 능력을 길러야 합니다. 다른 사람과의 원만한 대인 관계를 유지하기 위해서는 타인에 대한 존중과 배려, 책임감, 정직, 칭찬과 감사, 이해와 양보, 약속 지키기 등의 자세가 필요합니다. 이번 활동에서는 청소년기에 중요한 인간 관계를 맺고 있는 학급에서 나눔, 존중, 배려 등을 실천한 에스프레소맨 친구를 찾아 칭찬 카드를 써서 전달하는 활동과 행복한 교실 만들기 공익 광고 문구 만들기 활동을 통해 행복한 교실을 만들어 보겠습니다.

준비물 활동지, 다양한 모양의 붙임쪽지(하트, 자동차, 별 모양) 또는 다양한 색깔의 카드 양식 등

▶ **영상을 시청하며 빈칸에 알맞은 말을 적어 보자.**

> **제목** 리발리스, 강을 함께 쓰는 사람들
> **내용** 라이벌은 맞수나 적수을 의미하는데, 상대에게 어떤 존재여야 하는지 설명한다.
> **출처** https://www.youtube.com/watch?v=hzm1WVk7QmM&feature=youtu.be (03:12)
> ⏸ ⏭ 🔊 ━━━━━━━━━━━━━━━ HD ⊞

• 라이벌은 서로 (   )하지만 (   ) 해야 한다.
• 라틴어의 성적 구분에서 Bene(잘했음)보다 아래의 표현은 없다고 한다. 이유는 (   )보다 잘하는 것
  이 아니라 (   )보다 잘하는 것이 중요하다고 생각하기 때문이다.

1 우리 학급의 에스프레소맨 찾기

> 에스프레소는 다양한 커피를 만들 때 가장 기본이 되는 중요한 커피다. 사람들 중에도 에스프레소 같은 사람들이 있다. 묵묵히 제 역할을 다하는 사람, 크게 인기는 없지만 누군가에게 꼭 필요한 사람, 타인과 협력할 때 더 큰 능력을 발휘하는 사람, 빛나는 스타는 아니지만 스타들을 존재하게 하는 사람. 바로 그들이 사람들 사이의 에스프레소맨이다.

• 16칸의 각 항목에 자신이 생각하는 친구의 이름을 쓴다.
• 첫 번째 사람이 일어나서 '배려심이 많다. '김○○'라고 하면, 내용에 상관없이 '김○○'라는 이름이 있으면 그 칸에 동그라미를 한다.
• 지명된 '김○○'가 일어나서 '마음이 따뜻하다, 정□□'라고 외치면, 마찬가지로 내용에 상관없이 '정□□'라는 이름이 있는 사람은 동그라미나 하트로 표시한다.
• 다음으로 '정□□'가 일어나서 생각하는 친구를 지명하고, 이어서 4개의 빙고가 되면 '빙고'를 외친다.

배려심이 많다.	표정이 밝다.	긍정적이다.	유머가 풍부하다.
인사를 잘한다.	마음이 따뜻하다.	약속을 잘 지킨다.	책임감이 강하다.
다른 사람을 잘 도와준다.	친구와 금방 친해진다.	주변 사람을 즐겁게 한다.	남의 이야기를 잘 들어준다.
정직하다.	칭찬을 잘한다.	고마움을 잘 표현한다.	친구를 존중한다.

124 강나루쌤의 **진로 수업 레시피**

2 에스프레소맨에게 칭찬 카드 쓰기

• 에스프레소맨 친구 2명에게 칭찬 카드에 적어 전해 주자.

• 친구에게 받은 칭찬 카드는 활동지에 붙인다.

> **예** ○○가 □□에게
>
> 구체적인 꿈을 갖고 실천하고 있는 네가 부럽고, 그런 친구가 옆에 있어서 좋아. 언제나 내가 너의 힘이 되어 줄게. 평생토록 친구하자. 고마워♥

3 행복한 교실 만들기

• 영상을 시청하면서 빈칸에 알맞은 시간을 적어 보자.

> ○ **제목**: 1분의 배려
> ○ **내용**: 1분 동안 다른 사람들을 위해 배려할 수 있는 일이 무엇인지 소개한다.
> ○ **출처**: https://youtu.be/72pl_kBf9W8(00:37)

> ★ 신문을 던져 주는 시간 (   )초   ★ 버스 벨을 대신 눌러 주는 시간 (   )초
>
> ★ 어르신과 함께 횡단보도를 건너는 시간 (   )초   ☆ 세상을 아름답게 하는 시간, 하루 (   )분이면
>
> ★ 후배에게 커피를 타 주는 시간 (   )초   충분합니다.

• 우리 교실을 행복하게 만들기 위해 내가 할 수 있을 생각해서 공익 광고처럼 광고 문구를 만들어 보자.

> (   )분이면 행복한 교실
>
> ★ .... 시간 (   )   ★ .... 시간 (   )
>
> ★ .... 시간 (   )   ☆ 교실을 행복하게 하는 시간 하루 (   )분이면
>
> ★ .... 시간 (   )   충분합니다.

 도입 **5** 분

① 나는 다른 사람과 어떻게 지내는지 생각하면서 영상을 시청하도록 안내한다.

영상 소개

적수나 맞수를 뜻하는 라이벌(rival)의 어원은 강을 뜻하는 라틴어인 '리부스(rivus)'에서 왔다고 한다. 강을 사이에 두고 살아가는 이웃을 일컬어 라틴어로 '리발리스(rivalis)'라고 하는데, 그들은 강에 물이 풍요로울 때는 각자 여유롭게 살아가지만 홍수가 나면 함께 힘을 모아야 하고, 가뭄이 들면 먼저 물을 끌어오기 위해서 경쟁을 벌인다. 이들은 때로는 경쟁하고, 때로는 반목하지만 그들은 결국 강을 함께 쓰는 사람들이다. 2018년 평창 동계 올림픽에서 우리나라의 스피드 스케이팅 이상화 선수는 라이벌이었던 일본의 고다이라 나오 선수와 아름다운 경쟁을 벌였고, 여자 아이스하키팀은 남북 단일팀으로 참가하여 경쟁을 멈추고 남북이 화합하는 계기가 되었다. 즉 이들은 라이벌은 서로 경쟁하지만 서로 공존해야 한다는 스포츠 정신을 보여 주었다.

② 빈칸에 알맞은 말을 적는다.

• 라이벌은 서로 (경쟁)하지만 (공존) 해야 한다.

• 라틴어의 성적 구분에서 Bene(잘했음)보다 아래의 표현은 없다고 한다. 이유는 (남)보다 잘하는 것이 아니라 (전)보다 잘하는 것이 중요하다고 생각하기 때문이다.

step 1 우리 학급의 에스프레소맨 찾기

① 에스프레소의 의미에 대해 설명한다.
  • 에스프레소는 약방의 감초처럼 커피 메뉴의 기본이 된다는 것을 설명한다.

> ☕ 에스프레소 + 뜨거운 물 = 아메리카노
> ☕ 에스프레소 + 우유 거품 + 계피가루 = 카푸치노
> ☕ 에스프레소 + 스팀 밀크 + 초코 시럽 = 카페모카
> ☕ 에스프레소 + 스팀 밀크 = 카페라테
> ☕ 에스프레소 + 스팀 밀크 + 캐러멜 시럽 = 마키아토
> ☕ 에스프레소 + 휘핑 크림 = 콘파냐
> ☕ 에스프레소 + 아이스크림 = 아포가토

② 제시된 자료를 함께 읽으면서 대인 관계에서 에스프레소 같은 사람이 있다는 것을 설명한다.
  • 에스프레소는 다양한 커피를 만들 때 가장 기본이 되는 커피이므로 '에스프레소맨'이란 묵묵히 제 역할을 다하는 사람, 누군가에게 꼭 필요한 사람, 타인과 협력할 때 더 큰 능력을 발휘하는 사람, 누군가를 도와서 더 크게 빛을 내주는 사람 등 학교나 조직에서 없어서는 안 될 사람을 의미한다.

③ 16칸 빙고판에 자신이 생각하는 친구의 이름을 적는다.
  • 너무 고민하지 말고 내용에 가깝다고 생각하는 친구의 이름을 적도록 안내한다.

> • 자신의 이름을 먼저 쓰도록 합니다.
> • 중복되지 않도록 한 칸에 한 명만 쓰도록 합니다.
> • 가능하면 남학생과 여학생을 골고루 쓰도록 합니다.

④ 이름을 모두 적지 못한 학생이 있다면 다른 친구들은 어떻게 적었는지 친구의 활동지를 보며 칸을 채우도록 한다.

⑤ 빙고 게임을 한다.
  • 가로, 세로, 대각선으로 4빙고가 되도록 빙고 게임을 한다.
  • 첫 번째 이름은 교사가 지명한다.
  • 내용이 아니라 이름 빙고 게임을 한다.
  • 예를 들어 '배려심이 많다. 박○○'라고 하면, 박민서라는 이름에 표시를 한다. 박○○라는 이름이 어떤 내용에 있든 상관없이 빙고판에 이름이 있다면 표시를 한다. 그리고 박○○가 일어나서 '마음이 따뜻하다, 최□□'이라고 외친다. '최□□'라는 이름에 동그라미를 하고, '최□□'이 일어나서 다른 친구를 호명한다.
  • 남학생은 여학생을, 여학생은 남학생을 지명하도록 규칙을 정하는 것도 좋다.
  • 4빙고가 되면 '빙고'를 외친다.
  • 4빙고를 외친 학생에겐 작은 보상을 준다.

> 우리 학급의 에스프레소맨은 한 명이 아니고 16칸 빙고판에 적힌 모든 친구가 에스프레소맨입니다.

배려심이 많다. 최○○	표정이 밝다. 진○○	긍정적이다. 윤○○	유머가 풍부하다. 김○○
인사를 잘한다. 박○○	마음이 따뜻하다. 정○○	약속을 잘 지킨다. 이○○	책임감이 강하다. 민○○
다른 사람을 잘 도와준다. 강○○	친구와 금방 친해진다. 장○○	주변 사람을 즐겁게 한다. 조○○	남의 이야기를 잘 들어준다. 원○○
정직하다. 한○○	칭찬을 잘한다. 안○○	고마움을 잘 표현한다. 문○○	친구를 존중한다. 손○○

step 2 에스프레소맨에게 칭찬 카드 쓰기

① 준비된 카드 양식을 교탁에 놓고 마음에 드는 걸로 2장씩 가져가도록 한다.

② 준비된 카드 양식에 우리반의 에스프레소맨 친구 2명에게 카드를 쓴다.

　• 자신에게 써도 좋다.

• 에스프레소맨으로 선정된 사람이 개인적으로 친하지 않을 수도 있으므로, 그럴 경우에는 평소 고마웠던 친구에게 칭찬 카드를 쓰도록 안내합니다.
• 편지를 더 쓰고 싶은 학생이 있을 수 있으므로 여유있게 준비하면 좋습니다.
• 수업 시간에는 2~3장 정도만 쓰고, 나머지는 쉬는 시간에 쓸 수 있도록 합니다.

③ 작성한 칭찬 카드를 직접 친구에게 전해 전달한다.

④ 친구에게 받은 칭찬 카드는 활동지에 붙인다.

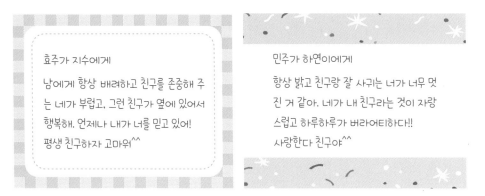

효주가 지수에게

남에게 항상 배려하고 친구를 존중해 주는 네가 부럽고, 그런 친구가 옆에 있어서 행복해. 언제나 내가 너를 믿고 있어!
평생 친구하자 고마워^^

민주가 하연이에게

항상 밝고 친구랑 잘 사귀는 너가 너무 멋진 거 같아. 네가 내 친구라는 것이 자랑스럽고 하루하루가 버라어티하다!!
사랑한다 친구야^^

step 3 행복한 교실 만들기

① 영상을 시청하면서 빈칸에 알맞은 시간을 적는다.

> ★신문을 던져 주는 시간 (6)초
>
> ★어르신과 함께 횡단보도를 건너는 시간 (23)초
>
> ★후배에게 커피를 타 주는 시간 (27)초
>
> ★버스 벨을 대신 눌러 주는 시간 (4)초
>
> ☆세상을 아름답게 하는 시간, 하루 (1)분이면 충분합니다.

② 우리 교실을 행복하게 만들기 위해 내가 할 수 있는 일이 무엇인지 생각해 본다.

③ 친구와 함께 우리 교실을 행복하게 하기 위해서 할 수 있는 일이 무엇인지 생각해 본다.

④ 행복한 교실을 만들기 위한 실천 방법을 적는다.

- 실천 방법은 4개 정도 쓴다.
- 각각 필요한 시간을 쓴다.
- 총 필요한 시간을 계산해서 쓴다.

작성하지 못한 사람이 있다면 발표 내용을 참고해서 적도록 안내해요.

⑤ 2~3명 정도 발표한다.

> ### (7)분이면 행복한 교실
>
> ★친구에게 칭찬을 해 주는 시간   시간 (30초)
> ★선생님의 심부름을 하는 시간   시간 (2분)
> ★친구에게 모르는 문제를 설명해 주는 시간   시간 (1분 30초)
>
> ★다리 아픈 친구를 보건실에 데려다 주는 시간   시간 (3분)
> ☆교실을 행복하게 하는 시간 하루 (7분)분이면 충분합니다.

정리 5분

① 2~3명에게 전체적인 수업에 대한 소감을 발표하도록 한다.

② 대인 관계 능력을 향상시키는 방법에 대해 소개한다.

- 약속 지키기
- 말과 행동의 일치
- 상대대방에 대한 이해심
- 기대의 명확화
- 사소한 일에 대한 관심
- 잘못에 대한 진지한 사과

③ 다음 수업 시간에 배울 내용을 간략히 소개하고, 과제나 준비물이 있으면 안내한다.

18

효과적으로 의사소통하기

원만한 대인 관계가 이루어지기 위해서는 효과적인 의사소통이 필요합니다. 또한 상대방을 존중하며 공감적 경청을 통해 상대의 마음을 잘 이해하는 것이 중요한데, 공감적 경청이란 대화를 하면서 상대방이 전달하고자 하는 말의 내용은 물론 그 내면의 동기나 정서까지 이해하려는 노력을 말합니다. 이번 활동에서는 미로 게임을 하면서 경청과 질문 수준 파악해 보기, 좋은 대화의 자세 찾기, 상처주는 말, 치유하는 말 알아보기 등을 통해 상황에 맞는 의사소통에 대해 생각해 보겠습니다.

준비물 활동지, 가위, 풀, 색연필, 사인펜, 친구와 대화할 때의 상황 예시 (부록 3) 등

▶ 영상을 시청하면서 빈칸에 알맞은 말을 적어 보자.

제목 당신의 이야기를 들어드립니다.

내용 누군가 나의 이야기를 무작정 들어주고 공감해 준다면 어떤 기분이 들 것인지 소개한다.

출처 https://www.youtube.com/watch?v=s3uL97Ht-Gw&feature=youtu.be(02:16)

▌▌ ▶▌ ◀))　━━━━━━━━━　　　　　　HD [+]

• 듣기의 또 다른 이름은_____ 다.

• 이를 위한 첫 걸음 _____ , _____ , _____ 다.

1 미로 게임으로 경청과 질문 수준 파악해 보기

• 짝과 함께 한 사람은 눈을 감은 상태에서 토끼가 당근이 있는 곳까지 도착할 수 있도록 다른 사람의 설명에 따라 펜으로 선을 긋는다. 역할을 바꾸어서 똑같은 방법으로 진행한다.

• 미로 게임이 끝난 후 나의 의사소통 수준을 파악해 보고, 느낀점을 적어 보자.

___

2 빙고 게임으로 좋은 대화의 자세 찾기

• 친구와 대화할 때의 상황의 예시 글을 읽어 보며 가위로 한 문장씩 자른다.

• 좋은 대화의 자세라고 생각되는 문장은 빙고판에 붙이고 나머지는 쓰레기통에 버린다.

• 좋은 대화의 자세 찾기 'ㅁ자' 빙고 게임을 해 보자.

들을 청(聽)자의 의미 – 경청의 자세

聽 = (耳 + 王) + (十 + 目) + (一心)

듣는다는 것은 첫째, 왕 같은 귀(耳+王)를 갖는다는 뜻으로 들 때 집중해서 들어야 한다는 의미이고, 둘째, 열 개의 눈(十+目)이라는 것은 상대의 말이 어떤 의미를 갖는지를 파악하기 위해 그의 표정이나 눈빛, 태도를 열 개의 눈으로 파악하여 들으라는 뜻이며, 셋째, 일심(一心)의 의미는 진정한 듣기는 상대의 생각과 마음을 읽는 것으로 상대와 한마음이 되는 것이다.

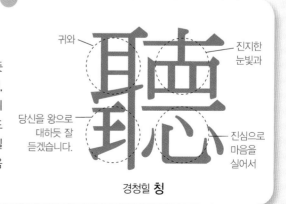

귀와

진지한
눈빛과

당신을 왕으로
대하듯 잘
듣겠습니다.

진심으로
마음을
실어서

경청할 **청**

3 상처 주는 말, 치유하는 말 알아보기

- 상처 주는 비난의 말에는 빨강색, 치유하는 말에는 파랑색을 칠해 보자.
- 평소 자신이 자주 쓰는 말에 체크해 보자.
- 상처 주는 말과 치유하는 말 중 어떤 말이 더 많은지 비교해 보자.

☐ 친구야 고마워.	☐ 내가 도와줄게 같이 하자.	☐ 너랑 같은 모둠하면 좋겠다.	☐ 너 미쳤니? 제 정신이 아니다.	☐ 네가 그러니까 친구가 없는 거야.
☐ 너랑 같은 반인 게 부끄럽다.	☐ 말도 안 되는 소리 하지 마!	☐ 조금 힘들어도 웃으면서 지내자.	☐ 친구야 사랑한다.	☐ 너는 이제 그만 봤으면 좋겠다.
☐ 그럴 수도 있지. 너무 걱정하지 마.	☐ 너는 어떻게 맨날 너만 생각하니?	☐ 네 덕분에 내가 잘 지낼 수 있었어.	☐ 괜찮아, 그 정도면 훌륭해.	☐ 지금도 충분히 잘하고 있어!
☐ 힘들면 언제든지 얘기해.	☐ 나도 너만큼만 했으면 좋겠다.	☐ 너 진짜 맞아 볼래?	☐ 너 때문에 되는 일이 하나도 없어!	☐ 잘난 척 좀 그만해라.
☐ 오, 그거 좋은 아이디어야!	☐ 친구야, 아프지 마라.	☐ 네가 뭘 안다고 그러냐?	☐ 나랑 같이 밥 먹자.	☐ 나한테 연락하지 마라.

- 친구 3명을 만나 친구에게 치유하는 칭찬의 말을 적어서 전달해 보자.

친구 이름			
치유하는 칭찬의 말			

도입 5분

① 의사소통을 잘하기 위해 필요한 것은 무엇인지 생각하면서 영상을 시청하도록 안내한다.

영상 소개

아내와 이혼하고 자신의 괴로운 마음을 친구에게조차 털어놓지 못하던 어떤 사람이 알지도 못하던 노숙자에게 가장 힘들었던 그 순간의 이야기를 털어 놓게 된다. 그러면서 그는 누군가 아무런 대가 없이 자신의 이야기를 들어 준다는 것, 그 자체가 큰 위로를 얻게 된다는 것을 깨닫는다. 이후 그는 거리로 나가 다른 사람의 이야기를 듣기로 한다. 프리 리스닝(Free Listening) 프로젝트의 시작이다.

프리 리스닝이란 거리에서 포옹으로 사람들에게 따뜻함을 전하는 프리 허그(Free Hug)처럼 다른 사람의 이야기에 귀를 기울여서 위로와 응원을 건네는 프로젝트다. 상대방과 눈을 마주치고 들으니 사람들은 누구에게도 열지 못했던 마음을 열기 시작한다. 듣기의 또 다른 이름 '함께 있어 주는 것'이며, 이를 위한 첫걸음은 마주보기, 웃음 짓기, 몇 마디 질문과 끄덕이기 등이다.

Free Listening

② 영상 시청이 끝나면 물음에 대한 답을 적고 발표한다.

• 듣기의 또 다른 이름은 ___함께하기(with)___ 다.

• 이를 위한 첫 걸음 ___마주 보기___ , ___웃음 짓기___ ,
___몇 마디 질문과 끄덕이기___ 다.

③ 듣기의 3단계를 짝과 함께 해 본다.

TIP

'1단계 마주 보고, 2단계 웃음 짓고, 3단계 몇 마디 질문과 끄덕입니다.'라고 멘트를 해 주세요.

전개 35분

step 1 미로 게임으로 경청과 질문 수준 파악해 보기

① 한 사람은 눈을 감은 상태에서 토끼가 당근이 있는 곳까지 도착할 수 있도록 다른 사람의 설명에 따라 펜으로 선을 긋는다.

TIP

활동 전에 찾아 가는 길을 표시해 두면 길을 안내하는 데 도움을 줄 수 있습니다.

② 역할을 바꾸어서 똑같은 방법으로 진행한다.

아니 거기 말고, 조금 아래로. 그래, 좋아!

생각보다 쉽지 않네. ㅠㅠ

TIP
- 선을 긋다가 길이 아닌 곳에 살짝 닿아도 괜찮다고 말해 주세요.
- 활동 후에 설명하는 역할과 길을 찾는 역할 중에서 어느 것이 더 어려웠는지 질문을 해도 좋습니다.

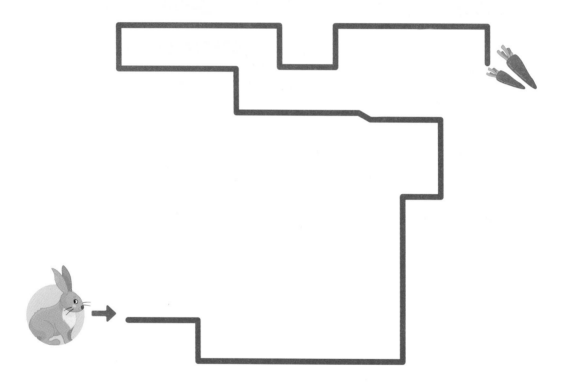

TIP

설명하는 사람은 최대한 천천히 정확하게 설명하고, 눈을 감은 사람은 설명하는 사람이의 말을 신뢰하고 경청해야 해요. 만일 이해하지 못했을 때는 적절한 질문을 해야 한다고 설명해 줍니다.

③ 미로 게임이 끝난 후 나의 의사소통 수준을 파악해 보고, 느낀 점을 적어 본다.

눈을 감은 상태에서 친구의 말만 듣고 길을 찾는 것은 결코 쉽지 않았다. 하지만 친구의 말을 집중을 하니 조금씩 자신감이 생겼고, 시간이 조금 걸리긴 했지만 목적지에 잘 도착할 수 있었다.

step 2 빙고 게임으로 좋은 대화의 자세 찾기

❶ 부록 3의 친구와 대화할 때 상황의 예시의 내용을 읽어보며 가위로 한 문장씩 자른다.

❷ 좋은 대화의 자세라고 생각되는 문장은 빙고판에 붙인다.

❸ 좋은 대화의 자세가 아니라고 생각되는 문장은 휴지통에 버린다.

좋은 대화의
자세가 그렇게
어렵지 않네.

❹ 좋은 대화의 자세 찾기 'ㅁ'자 빙고 게임을 한다.

• 처음에는 교사가 지명한 사람이 일어나서 자신이 가장 중요하게 생각하는 좋은 대화의 자세를 이야기하
면, 다른 사람은 그 내용이 있는 곳에 표시한다.

• 다음 사람은 처음 지명을 받은 사람이 호명해서 발표하도록 한다.

말하는 친구의 감정을 표현해준다.	친구의 관심과 흥미에 초점을 맞춘다.	친구가 말한 부분을 다시 표현해 준다.
이해가 되지 않으면 조용히 되묻거나 질문을 한다.	들으며 내용을 생각하고 정리한다.	시선을 자주 마주치며 부드러운 목소리로 말한다.
칭찬, 격려, 공감 등 긍정적인 말을 많이 한다.	고개를 끄덕이거나 맞장구를 치면서 관심을 나타낸다.	친구가 이해하기 쉬운 말로 이야기한다.
말하는 사람 쪽으로 몸을 기울인다.	편안하고 따뜻한 표정을 짓는다.	말하는 내용 어울... 는 몸짓과

네가 뭘 안다고 그러냐?

너 때문에 되는 일이 하나도 없어

너는 이제 그만 봤으면 좋겠다

❺ '들을 청'자의 의미를 설명하면서 경청의 자세에 대해 알아본다.

step 3 상처 주는 말, 치유하는 말 알아보기

① 상처 주는 비난의 말엔 빨강색, 치유하는 칭찬의 말엔 파랑색을 칠한다.

② 평소 자신이 자주 쓰는 말에 체크한다.

③ 상처 주는 말과 치유하는 말 중 어떤 말이 더 많은지 비교해 본다.

☑ 친구야 고마워.	☑ 내가 도와줄게 같이 하자.	☐ 너랑 같은 모둠하면 좋겠다.	☐ 너 미쳤니? 제 정신이 아니다.	☐ 네가 그러니까 친구가 없는 거야
☐ 너랑 같은 반인 게 부끄럽다.	☐ 말도 안 되는 소리 하지 마!	☐ 조금 힘들어도 웃으면서 지내자.	☐ 친구야 사랑한다.	☐ 너는 이제 그만 봤으면 좋겠다.
☐ 그럴 수도 있지. 너무 걱정하지 마.	☐ 너는 어떻게 맨날 너만 생각하니?	☐ 네 덕분에 내가 잘 지낼 수 있었어.	☑ 괜찮아. 그 정도면 훌륭해.	☑ 지금도 충분히 잘하고 있어!
☐ 힘들면 언제든지 얘기해.	☐ 나도 너만큼만 했으면 좋겠다.	☐ 너 진짜 맞아 볼래?	☐ 너 때문에 되는 일이 하나도 없어!	☑ 잘난 척 좀 그만해라.
☐ 오, 그거 좋은 아이디어야!	☑ 친구야. 아프지 마라.	☑ 네가 뭘 안다고 그러냐?	☑ 나랑 같이 밥 먹자.	☐ 나한테 연락하지 마라.

• 친구 3명을 만나 친구에게 치유하는 칭찬의 말을 적어서 전달해 보자.

친구 이름	혜민	진석	민영
치유하는 칭찬의 말	힘들면 언제든지 얘기해. 들어 줄게. 난 언제나 너의 편이야.	그런 생각 못했는데, 좋은 아이디어야!	친구야 고마워. 네가 나의 친구라는 게 자랑스러워.

정리 ⏱ 5 분

① 활동 후 종합적으로 느낀 점을 2~3명 정도 발표하도록 한다.

② 다음 수업 시간에 배울 내용을 간략히 소개하고, 필요한 준비물나 과제가 있으면 안내한다.

19

직업의 역할과 의미 알아보기

    사람들은 직업을 통해 대가를 받아 생계를 유지하고, 보람과 기쁨을 느끼며 삶의 의미를 발견하기도 합니다. 또한 자신의 능력을 발휘하여 꿈을 실현하고 사회 구성원으로서 필요한 역할을 수행합니다. 이번 시간에는 자신이 하고 싶은 일과 그 이유를 적고 직업의 역할별로 분류해 보는 활동과 비주얼 싱킹(Visual Thinking)을 활용한 우리 동네 행복한 직업 써클맵 그리기 활동을 통해 직업의 역할 및 중요성에 대해 알 수 있습니다.

준비물 활동지, 직업의 역할 카드(B4 코팅, 또는 투명케이스에 넣어서) 4장, 색연필과 사인펜, 다양한 색깔의 포스트잇(1인당 2장) 등

▶ 영상을 보면서 내가 생각하는 직업이란 무엇인지 적어 보자.

> **제목** 일이란 무엇인가?
>
> **내용** 일의 의미와 변화 과정에 대해 소개한다.
>
> **출처** https://www.youtube.com/watch?v=xXH1XTmybMk&feature=youtu.be (02:40)

⏸ ⏭ 🔊 ▬▬▬▬▬▬▬▬▬▬▬▬▬▬▬▬▬▬▬▬▬▬▬▬▬▬▬▬ HD ⛶

• 나에게 직업(일)이란 _____ (이)다.

• 왜냐하면 _____ 때문이다.

1 직업의 조건 알아보기

• 직업의 조건에 대해 연관된 내용끼리 연결해 보자.

윤리성 •	• 일의 대가로 보수를 받는다.
사회성 •	• 주기적이고 지속적인 일이어야 한다.
경제성 •	• 법에 위배되지 않아야 한다.
계속성 •	• 사회 발전에 기여해야 한다.

2 직업의 역할과 의미 알아보기

• 붙임쪽지 2장에 각각 자신의 이름, 하고 싶은 일이나 직업, 이유를 적는다.

• 작성한 붙임쪽지를 직업의 역할 내용별로 분류하여 칠판에 부착한다.

  ※직업의 역할: 경제적 안정, 자아실현, 사회 참여 및 봉사, 기타

• 직업을 왜 가져야 하는지 직업의 의미 및 역할에 대해 정리한다.

이름: 김민해	이름:	이름:
하고 싶은 일이나 직업: 작가	하고 싶은 일이나 직업:	하고 싶은 일이나 직업:
이유: 글을 쓰며 사용할 단어, 표현을 상상하는 것이 재미있고 글을 읽었을 때 내 생각이 느껴진다는 것이 신기하기 때문이다.	이유:	이유:

3 우리 마을에 필요한 직업 써클맵 그리기

- 영상에 나오는 다양한 직업을 적어 보자.

> ○ **제목**: 우리 동네 사람들
> ○ **내용**: 다양한 직업들을 노래로 소개한다.
> ○ **출처**: https://youtu.be/eh−NMajoQqU(02:06)

- 가운데 작은 원에 내가 살고 싶은 마을 이름을 적는다(예 스포츠 마을, 친환경 마을, 건강한 마을 등).
- 큰 원 가장자리에 그 마을을 운영하는 데 꼭 필요한 직업 8~10개를 적고, 그림으로 표현해 보자.
- 그 직업의 역할이나 중요한 이유를 원 밖에 화살표로 표시해서 적어 보자.

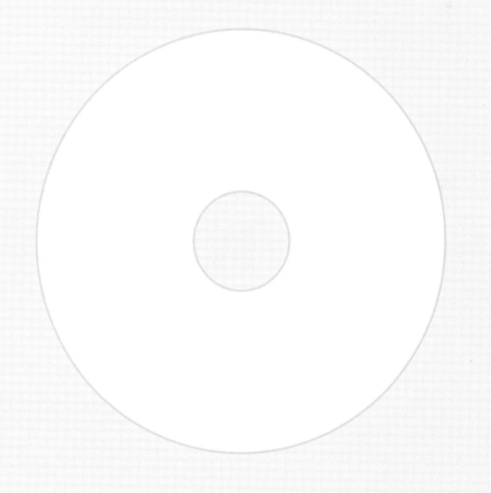

 **수업 진행 레시피**

도입 **5** **분**

❶ 직업이란 무엇인지 생각하면서 영상을 시청하도록 안내한다.

 영상 소개

일의 의미는 인류 역사와 함께 변해 왔다. 유럽의 중세 시대에는 일을 의미하는 단어가 아르바이트 (Arbeit)였다. 계급 체제가 분명했던 중세 시대에 평민들에게 일이란 그저 괴롭고 힘든 것이었다. 하지만 루터, 칼뱅 등 종교 개혁가들에 의해 일의 개념에 변화가 생기기 시작한다. 소명이라는 개념이 생기며 일이 더 이상 고역이 아닌 소명으로 인식되기 시작한다. 나아가 '일=천직'이라는 생각이 확산되면서 각 분야에서 장인과 전문가가 등장했고, 이것이 일에 대한 보람과 가치를 담는 근대적 직업관의 시작이 되었다. 현대 사회에서의 일은 즐거움을 추구하고, 자아실현을 이루는 과정으로 인식되기도 한다.

토마스 에디슨은 "나는 평생 단 하루도 일한 적이 없다. 늘 재미있게 놀았다."라고 말하였고, 알버트 아인슈타인은 "어떤 분야에서 성공하고 싶다면, 일을 놀이처럼 하고 놀이를 일처럼 하라."라고 말하였다. 사람에게 일이란 고된 노동이거나 소명이거나 또는 나를 즐겁게 해 주는 무언가이다.

❷ 영상 시청 후 일과 직업에 대한 정의 내리기를 한다.
- 먼저 교사가 1~2개 정도 예시를 들어준다.
  예 직업은 놀이터다. 여러 사람들을 만날 수 있는 삶의 놀이터다.
  일은 엔진이다. 나를 나답게 만드는 원동력이니까!
  직업은 디딤돌이다. 성장하기 위한 과정이기 때문이다.

❸ 4~5명 정도 발표하도록 한다.
- 아직 작성하지 못한 학생은 발표 내용 중 마음에 드는 것을 활동지에 쓴다.

step 1 직업의 조건 알아보기

• 직업의 조건에 대해 연관된 내용끼리 연결한다.

윤리성   일의 대가로 보수를 받는다.

사회성   주기적이고 지속적인 일이어야 한다.

경제성   법에 위배되지 않아야 한다.

계속성   사회 발전에 기여해야 한다.

step 2 직업의 역할과 의미 알아보기

❶ 붙임쪽지 두 장에 각각 자신의 이름, 하고 싶은 일이나 직업, 이유를 적는다.

    • 활동지에 쓰지 말고, 붙임쪽지에 직접 쓰도록 한다.

• 아직 희망 직업이나 관심 직업이 구체적으로 정해지지 않은 학생은 왜 직업을 가져야만 하는지 쓰도록 합니다.
• 수업이 끝나고 붙임쪽지를 떼어서 활동지에 붙이면 됩니다.

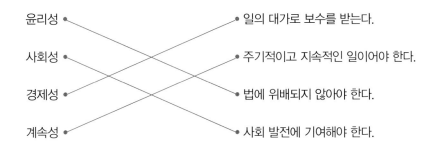

이름: 한○○
하고 싶은 일이나 직업:
웹디자이너
이유: 내가 포토샵과 코딩을 좋아해서 이 분야에서 일하면 나의 능력을 최대한 발휘할수 있기 때문이다.

이름: 이○○
하고 싶은 일이나 직업: 파티시에
이유: 나는 맛있는 빵을 먹을 때 행복한 기분을 느껴서 내가 다른 사람들에게도 그런 기분을 느끼게 해 주고 싶기 때문이다.

이름: 윤○○
하고 싶은 일이나 직업: 수의사
이유: 직업 전망도 밝고 안정적으로 할 수 있는 일이기 때문이다. 특히 동물을 좋아하는 나의 성격과도 잘 맞는다.

❷ 학생들이 붙임쪽지에 적는 동안 교사는 칠판에 코팅된 직업의 역할 카드 4장을 칠판에 부착한다.

    • 코팅된 직업의 역할 카드가 없다면 칠판에 직접 적는다.

③ 모두 작성한 사람은 코팅된 직업의 역할 카드 위에 붙임쪽지를 붙인다.

• 칠판에 부착하면 막대그래프 효과가 있어서 학생들이 직업의 어떤 역할을 중요하게 생각하고 있는지 한눈에 알 수 있어요.
• 학생들이 의외로 경제적인 안정보다 자아실현을 중요하게 생각하고 있다는 것을 알 수 있어요.

④ 칠판에 모두 부착했으면 직업의 어떤 역할을 많이 선택하고, 어떤 의의를 덜 선택했는지 알아본다.

⑤ 학생들이 붙임쪽지에 쓴 내용을 직업의 역할별로 2~3개 정도 읽어준다.

⑥ 왜 직업을 가져야 하는지 직업의 의미와 역할에 대해 정리한다.

⑦ 직업을 가져야 하는 이유 중에서 기타를 선택한 사람은 어떤 이유로 선택했는지 알아본다.

경제적 안정을 설명할 때 주부, 연금을 받는 사람, 도둑은 직업인지 아닌지 질문하고 왜 직업인이 아닌지 설명해 줍니다.

경제적 안정	자신과 가족이 생계를 유지하고 경제적으로 안정된 생활을 할 수 있다.
자아실현	자신의 능력과 개성을 발휘하고, 꿈을 실현할 수 있다.
사회 참여 및 봉사	사회활동에 참여하여 보람과 기쁨을 느끼고, 사회의 유지 및 발전에 기여한다.

⑧ 수업이 끝나면 붙임쪽지를 떼어 활동지에 붙인다.

step 3 우리 마을에 필요한 직업 써클맵 그리기

① 다양한 직업을 소개하는 영상을 시청한다.

• 우리 마을에 필요한 직업을 영어로 소개하고 있다. 소방관, 자동차 수리공, 조종사, 이발사, 집배원, 경찰, 인명구조원, 선생님, 의사, 간호사, 판사, 변호사, 배우, 작가, 요리사, 웨이터 등 다양한 직업이 등장한다.

② 영상을 보면서 등장하는 직업을 활동지에 적는다.

③ 작은 원에 자신이 만들고 싶은 마을(나라)이나 살고 싶은 마을(나라)를 적는다. 예 안전한 마을, 건강한 나라, 행복한 마을, 문화나라 등

④ 자신이 만들고 싶은 마을(나라)을 운영하는 데 꼭 필요한 직업을 큰 원 가장자리에 8~10개 정도 적는다.

⑤ 그 직업의 역할이나 중요한 이유를 원 밖에 화살표로 표시하여 간단히 적는다.

⑥ 직업과 관련된 간단한 그림이나 이모티콘 등을 그리고 색칠한다.

※우리 마을에 필요한 직업 써클맵 예시는 146쪽 참고

작성하는 시간을 따로 주지 말고 영상을 보면서 바로 쓸 수 있도록 합니다.

시간이 부족하면 그림이나 이모티콘은 생략하고 글로만 표현해도 좋습니다.

정리 5분

① 직업의 역할 및 중요성에 대해 설명한다.

② 다음 수업 시간에 배울 내용을 간략히 소개하고, 필요한 준비물이나 과제가 있으면 안내한다.

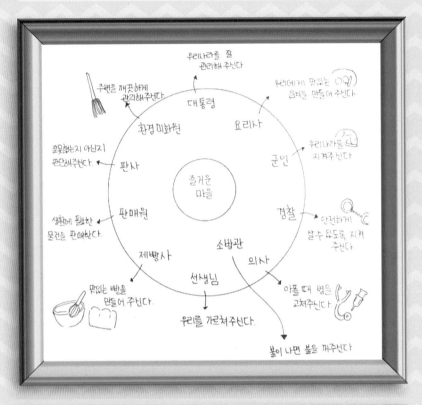

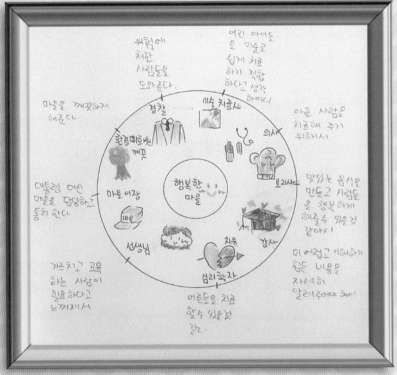

20

다양한 직업의 세계

직업의 종류와 그 직업이 하는 일에 대해 잘 알고 있으면 자신의 진로를 선택할 때 더 좋은 선택의 기회를 가질 수 있습니다. 이번 활동에서는 자신이 알고 있는 직업이 얼마나 되는지 빙고 게임을 통해 알아보고, 자신의 관심 분야에 어떤 직업이 있는지 찾아보는 활동을 통해 다양한 직업에 대해서 알아보겠습니다.

준비물 활동지, 직업 퀴즈 PPT 등

▶ 영상을 보면서 내가 관심 있는 직업을 10개 이상 적어 보자.

> **제목** 현대 직업 얼굴들
>
> **내용** 다양한 직업에 종사하는 사람들을 소개한다.
>
> **출처** https://www.youtube.com/watch?v=r4LuvPipeHI&feature=youtu.be (03 : 56)
>
> ⏸ ⏭ 🔊 ▬▬▬▬▬▬▬▬▬▬▬▬▬▬▬▬▬▬▬▬▬▬ HD 〔+〕

1 내가 아는 직업 찾아보고 빙고 게임하기

• 제시된 직업에 대하여 잘 알고 있으면 ○, 어느 정도 알고 있으면 △, 잘 모르면 ✕를 표시해 보자.

경찰관 ( )	상담 전문가 ( )	도선사 ( )	동물 조련사 ( )	방사선사 ( )
소방관 ( )	통역가 ( )	직업군인 ( )	자동차 정비원 ( )	제과 제빵사 ( )
요리사 ( )	카레이서 ( )	운동선수 ( )	항공기 조종사 ( )	사회 복지사 ( )
교사 ( )	게임 기획자 ( )	항공기 승무원 ( )	과학수사요원 ( )	대학교수 ( )
로봇 공학 기술자 ( )	컴퓨터 프로그래머 ( )	조선 공학 기술자 ( )	생명 공학 기술자 ( )	에너지 공학 기술자 ( )
사회단체 활동가 ( )	관광 여행 기획자 ( )	영화배우 및 탤런트 ( )	메이크업 아티스트 ( )	인문사회 연구원 ( )
가수 ( )	패션 디자이너 ( )	마술사 ( )	만화가 ( )	프로게이머 ( )
모델 ( )	방송 연출가 ( )	방송작가 ( )	번역가 ( )	쇼핑 호스트 ( )
아나운서 ( )	연주가 ( )	의사 ( )	플로리스트 ( )	헤어 디자이너 ( )
간호사 ( )	웨딩 플래너 ( )	노무사 ( )	물리 치료사 ( )	약사 ( )
항공 우주공학 기술자 ( )	컴퓨터 보안 전문가 ( )	기계 공학 기술자 ( )	건축 공학 기술자 ( )	의료 코디네이터 ( )
검사 ( )	수학자 ( )	광고기획자 ( )	국제 공무원 ( )	국회의원 ( )
큐레이터 ( )	펀드 매니저 ( )	CEO ( )	기자 ( )	변리사 ( )
변호사 ( )	상품 기획자 ( )	외교관 ( )	외환딜러 ( )	헤드헌터 ( )
감정 평가사 ( )	관세사 ( )	도시 계획가 ( )	성직자 ( )	법무사 ( )
사서 ( )	세무사 ( )	손해 사정사 ( )	공무원 ( )	임상 병리사 ( )
은행원 ( )	애널리스트 ( )	판사 ( )	교통 관제사 ( )	회계사 ( )

- 빙고판에 1~25까지의 숫자를 자유롭게 써 넣는다.
- 직업 퀴즈 PPT에서 제시하는 문제의 정답을 맞힌 사람이 1~25의 숫자 중에서 하나를 고른다.
- 가로, 세로, 대각선 등이 5개 되면 '빙고'를 외친다.

2 관심 분야와 관련된 직업 알아보기

- A를 참고하여 B에 제시된 바다와 관련된 직업을 돌아가며 1개씩 발표하고, 그 중 8개를 적는다.
- 내가 좋아하거나 관심 있는 것을 C, D의 중앙에 핵심 단어로 적는다.

   예 게임, 학교, 휴대폰, 자동차, 영화, 여행, 운동, 음악, 우주 등

- C와 D의 나머지 칸에 핵심 단어와 관련하여 연상되는 직업을 적는다.

A

바리스타	제과 제빵사	브루 마스터*
요리사	**음식**	소믈리에
영양사	푸드 스타일리스트	음식 평론가

B

	바다	

C

D

*브루 마스터: 맥주의 재료를 감별하고 제조하여 판매하는 과정을 전문적으로 관리한다.

- 자신의 관심 분야 관련된 직업, 희망 직업을 적고 발표해 보자.

   • 저의 관심 분야는 _____ 입니다.

   • 관련 직업은 _____ 등이 있고,

   • 그중에서 저는 _____ 이(가) 되고 싶습니다.

수업 진행 레시피

❶ 자신이 관심 있는 직업을 생각하면서 영상을 시청하도록 안내한다.

영상 소개

영상에 등장하는 직업은 다음과 같다.

건축 설계사, 게임 기획자, 변호사, 스포츠 트레이너, 소믈리에, 자산 관리사, 연예인 매니저, 로봇 연구원, 방송 연출가, 인터넷 게임 중독 상담사, 의사, 사회 복지사, 기상 연구원, 기자, 도예가, 레크리에이션 지도자, 번역가, 법무사, 변리사, 북디자이너, 동물 사육사, 사진작가, 성우, 상담 전문가, 안경사, 운동선수, 약사, 외환딜러, 인테리어 디자이너, 비행기 조종사, 한의사, 범죄 분석가, 회계사, 헤드헌터, 커플 매니저, 카피라이터, 수의사, 경찰관, 응급 구조사, 해부학 연구원, 보석 디자이너, 자동차 공학 연구원, 환경 컨설턴트, 치어리더, 오케스트라 연주자, 교사, 무대감독, 소프트웨어 개발자, 무용가, 성악가, 파티 플래너, 항공 교통 관제사, 간호사, 여행 플래너, 지휘자.

❷ 영상 시청 후 직업을 몇 개나 적었는지 알아보고, 관심 있는 직업이나 궁금한 직업에 대해서 질문하도록 한다.

step 1 내가 아는 직업 찾아보고 빙고 게임하기

❶ 제시된 직업의 이름을 보고, 그 직업에 대해 잘 알고 있으면 ○, 어느 정도 알고 있으면 △, 잘 모르면 ×를 표시한다.

 자신이 아는 직업에 대해 가볍게 체크해 보는 활동이므로 너무 깊게 생각하지 말고 빨리 체크할 수 있도록 안내해요.

② 직업을 아는 정도에 따라 모두 체크했으면 빙고 게임을 한다.

③ 활동지의 빙고판에 1~25까지의 숫자를 자유롭게 적는다.

④ 직업 퀴즈 PPT의 답을 맞춘 사람이 자신에게 유리한 숫자를 고르도록 한다.

⑤ 불려진 숫자를 하나씩 지운다.
- 새까맣게 지우지 말고 형광펜이나 색펜으로 동그라미나 하트, 꽃으로 표시하도록 한다.

12	18	17	7	6
13	16	25	11	8
19	2	22	3	14
24	15	20	23	4
21	1	9	10	5

- 교사도 칠판에 빙고판을 그려서 1~25까지의 숫자를 자유롭게 적고, 학생들과 함께 빙고 게임을 한다.

교사도 칠판에 빙고판을 그려서 함께 빙고 게임을 하면 학생들이 빙고 게임의 방법을 쉽게 알 수 있고, 어떤 숫자가 나왔는지 한눈에 알 수 있습니다.

⑥ 가로, 세로, 대각선 중 5줄이 맞으면 빙고를 외친다.
- 빙고를 외친 사람에게 작은 보상을 준다.

빙고 게임 중에는 내가 아는 직업에 대해 체크한 것을 보지 않도록 하고, 문제에 대한 답을 아는 사람이 없으면 10초 정도 보도록 합니다.

step 2 관심 분야와 관련된 직업 알아보기

① A를 참고하여 B에 제시된 바다와 관련된 직업에는 어떤 것이 있는지 생각하도록 한다.

② 생각나는 직업을 돌아가며 1개씩 발표하고, 그 중 8개를 적는다.

③ 내가 좋아하거나 관심 있는 것을 C, D의 중앙에 핵심 단어로 적는다.
- 좋아하는 일이나 물건, 관심 있는 분야 등 제한 없이 어떤 것이든 가능하다는 것을 안내한다.

작성에 어려움을 겪는 사람은 짝과 함께 할 수 있도록 안내해 주세요.

❹ C와 D의 나머지 칸에 핵심 단어와 관련하여 연상되는 직업을 적는다.

• 도입의 영상에 나오는 직업, 내가 아는 직업 찾기에서 체크한 직업, 진로와 직업 교과서에 나오는 직업을 참고해서 쓰도록 안내한다.

항해사	어부	선장
해양경찰	바다	도선사
해군	수상 구조사	선박 기관사

촬영기사	배우	감독
메이크업 아티스트	영화	코디
폴리 아티스트	시나리오 작가	CG 전문가

가수	음향감독	음악교사
피아니스트	음악	음악 치료사
지휘자	작곡가	합창단원

약사	간호사	의사
영양사	병원	물리 치료사
간병인	응급 구조사	방사선사

❺ 자신의 관심 분야 관련된 직업, 희망 직업을 적고 발표해 보자.

• C나 D의 내용 중 한 가지 분야를 정해서 적는다.

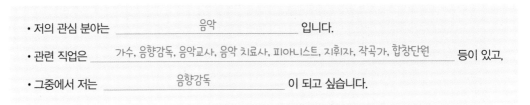

• 저의 관심 분야는 _____음악_____ 입니다.
• 관련 직업은 ___가수, 음향감독, 음악교사, 음악 치료사, 피아니스트, 지휘자, 작곡가, 합창단원___ 등이 있고,
• 그중에서 저는 _____음향감독_____ 이 되고 싶습니다.

❶ 직업 정보를 탐색할 수 있는 사이트를 안내한다.

• 커리어넷(http://www.career.go.kr)→직업 정보→직업 정보/직업인 인터뷰/직업 분류별 진로 동영상/ 주제별 직업 정보

• 워크넷(http://www.work.go.kr)→직업 · 진로→직업 정보→직업 정보 찾기/한국 직업 전망/한국 직업 사전/직업 동영상 · VR/직업인 인터뷰

❷ 다음 수업 시간에 배울 내용을 간략히 소개하고, 필요한 준비물이나 과제가 있으면 안내한다.

21

국가직무능력표준 알아보기

여러 직업들 중에서 비슷한 특성을 가진 직업들을 묶어 분류한 것을 직업군이라고 합니다. 직업군을 분류하는 방법에는 여러 가지가 있으며, 그중에서 각 직업이 하는 일과 수행 능력을 국가적 차원에서 표준화한 것이 국가직무능력표준(NCS)입니다. 이러한 직업 분류를 통해 직업의 역할과 하는 일을 이해함으로써 자신의 진로와 적성에 필요한 역량을 키울 수 있습니다. 이번 활동에서는 NCS 카드를 이용한 활동을 통해 직업을 어떻게 분류하고, 어떤 직업들이 유사한 직무를 가졌는지 알아봅니다. 또한 직무를 수행하는 데 필요한 NCS 직업기초능력에 대해 알아보겠습니다.

준비물 활동지, NCS 카드(만드는 방법은 수업 진행 레시피 참고), NCS 직업 분류 PPT 등

▶ **영상을 시청하고 빈칸에 알맞은 말을 적어 보자.**

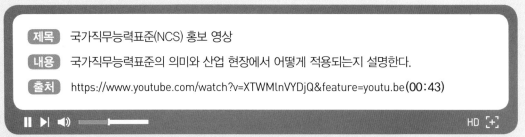

제목 　국가직무능력표준(NCS) 홍보 영상

내용 　국가직무능력표준의 의미와 산업 현장에서 어떻게 적용되는지 설명한다.

출처 　https://www.youtube.com/watch?v=XTWMlnVYDjQ&feature=youtu.be (00:43)

국가직무능력표준(NCS, National Competency Standards)이란 산업 현장에서 직무를 수행하기 위해 요구되는 (　　　　　), (　　　　　), (　　　　　　　) 등을 산업 부문별로 체계화한 것이다.

1 국가직무능력표준(NCS) 직업 분류 빙고 게임하기

• 다음은 NCS의 직업 분류이다. 내가 관심 있는 직업군에 체크해 보자.

01 사업관리	02 경영·회계·사무	03 금융·보험	04 교육·자연·사회 과학	05 법률·경찰·소방·교도·국방	06 보건·의료
07 사회복지·종교	08 문화·예술·디자인·방송	09 운전·운송	10 영업판매	11 경비·청소	12 이용·숙박·여행·오락·스포츠
13 음식서비스	14 건설	15 기계	16 재료	17 화학	18 섬유·의복
19 전기·전자	20 정보통신	21 식품가공	22 인쇄·목재·가구·공예	23 환경·에너지·안전	24 농림어업

• 빙고판에서 하트가 있는 곳을 제외한 나머지 칸에 1~24까지의 숫자를 자유롭게 써 넣는다.

• NCS 직업 분류 PPT에서 제시하는 문제에 알맞은 분류 번호와 직업군을 맞힌다. 예1번, 사업관리

• 정답을 맞힌 사람이 숫자를 고른다.

• 가로, 세로, 대각선 등이 5개가 되면 '빙고'를 외친다.

2 국가직무능력표준(NCS) 직업기초능력 알아보기

• NCS 직업기초능력이란 대부분의 직종에서 직무를 수행하는 데 필요한 기본적이고 공통적으로 요구되는 지식, 기술, 태도를 말한다. 다음 내용을 읽고 NCS의 직업기초능력이 무엇인지 알아보자.

직업기초능력	설명
의사 소통 능력	글과 말을 읽고 들음으로써 다른 사람이 뜻한 바를 파악하고, 자기가 뜻한 바를 글과 말을 통해 정확하게 쓰거나 말하는 능력
수리 능력	사칙연산, 통계, 확률의 의미를 정확하게 이해하고, 이를 업무에 적용하는 능력
문제 해결 능력	문제 상황이 발생하였을 경우, 창조적이고 논리적인 사고를 통하여 이를 올바르게 인식하고 적절히 해결하는 능력
자기 개발 능력	스스로를 관리하고 개발하는 능력
자원 관리 능력	시간, 자본, 재료 및 시설, 인적자원 등의 자원 가운데 무엇이 얼마나 필요한지를 확인하고, 이용 가능한 자원을 최대한 수집하여 실제 업무에 어떻게 활용할 것인지를 계획하고, 계획대로 업무 수행에 이를 할당하는 능력
대인 관계 능력	업무를 수행함에 있어 접촉하게 되는 사람들과 문제를 일으키지 않고 원만하게 지내는 능력
정보 능력	업무와 관련된 정보를 수집하고, 이를 분석하여 의미있는 정보를 찾아내며, 의미있는 정보를 업무 수행에 적절하도록 조직하고, 조직된 정보를 관리하며, 업무 수행에 이러한 정보를 활용하고, 이러한 모든 과정에 컴퓨터를 사용하는 능력
기술 능력	도구, 장치 등을 포함하여 필요한 기술에는 어떠한 것들이 있는지 이해하고, 실제로 업무를 수행함에 있어 적절한 기술을 선택하여 적용하는 능력
조직 이해 능력	업무를 원활하게 수행하기 위해 국제적인 추세를 포함하여 조직의 체제와 경영에 대해 이해하는 능력
직업윤리	원만한 직업생활을 위해 필요한 태도, 예절, 올바른 직업관

• 나의 관심 직업을 수행하는 데 필요한 NCS 직업기초능력과 그 능력을 키우기 위해 노력할 일을 적어 보자.

예 관심 직업: 경찰관　　　　　　　　　• 관심 직업:

직업기초능력	노력할 일
의사 소통 능력	다른 사람의 이야기 경청하기
문제 해결 능력	문제가 발생하면 원인에 대해 꼼꼼하게 생각해 보기
직업윤리	우리 사회가 요구하는 도덕과 규범에 대해 생각해 보기

직업기초능력	노력할 일

 도입 ⏱ **5분**

1 활동지를 나누어 주고 영상을 시청한다.

> 🧑‍🏫 **영상 소개**
>
> 국가직무능력표준(NCS)이란 산업계의 전문가가 모여 산업 현장에서 요구되는 지식, 기술, 태도를 산업 부문별로 체계화한 것이다. NCS를 활용하여 학생들은 학교에서 산업 현장에 필요한 능력을 키우고, 기업은 학벌, 스펙 대신 직무 능력을 평가하여 인재를 채용할 수 있다. 이를 통해 능력을 키우고 능력으로 인정받는 능력 중심 사회를 만들 수 있을 것이다.

2 빈칸에 알맞은 말을 적는다.

지식, 기술, 태도

3 국가직무능력표준(NCS)에 대해 설명한다.

국가직무능력표준이란 산업 현장에서 직무를 수행하기 위해 요구되는 지식, 기술, 태도 등의 내용을 국가가 체계화한 것이다. 직업을 선택할 때 국가직무능력표준을 통해 내가 원하는 직업과 그와 관련된 세부 업무를 구체적으로 탐색하여 내가 정말 좋아하는 일인지 확인할 수 있다. 또한 그 업무에서 필요로 하는 능력과 경험이 무엇인지 알아 체계적인 교육과 훈련을 통해 직무 역량을 기를 수도 있다. 즉, NCS는 개인에게는 자신의 적성에 맞는 직업을 선택하여 성공적인 직업 생활을 할 수 있도록 도와주고, 기업에는 실제 산업 현장에서 필요한 능력을 갖춘 인재를 채용할 수 있도록 돕는 시스템이다. 국가직무능력표준 홈페이지 (http://www.ncs.go.kr)에 접속하여 다양한 직업 정보를 얻을 수 있다.

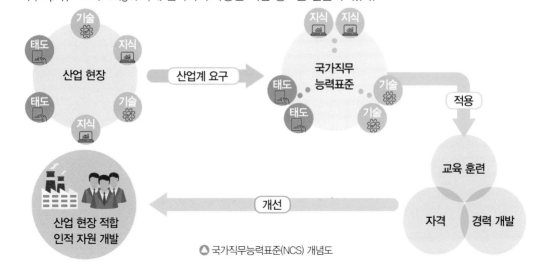

🔵 국가직무능력표준(NCS) 개념도

전개 35분

step1 국가직무능력표준(NCS) 직업 분류 빙고 게임하기

① NCS 직업 분류에 대해 간략히 설명한다.

• 국가직무능력표준(NCS)의 직무 분류는 직무의 유형을 중심으로 국가직무능력표준을 단계적으로 구성한 것이다. NCS 직무 분류 체계는 '대분류→중분류→소분류→세분류'의 순으로 구성되어 있고, 각 세분류마다 세부적인 능력 단위가 제시되어 있다.

대분류	• 직능 유형이 유사한 분야(한국고용직업분류 참조)
중분류	• 대분류 내에서 직능 유형이 유사한 분야 • 대분류 내에서 산업이 유사한 분야 • 대분류 내에서 노동 시장이 독립적으로 형성되거나 경력 개발 경로가 유사한 분야 • 중분류 수준에서 산업별 인적 자원 개발 협의체(SC)가 존재하는 분야
소분류	• 중분류 내에서 직능 유형이 유사한 분야 • 소분류 수준에서 산업별 인적 자원 개발 협의체(SC)가 존재하는 분야
세분류	• 소분류 내에서 직능 유형이 유사한 분야 • 한국고용직업분류의 직업 중 대표 직무

출처 국가직무능력표준(https://www.ncs.go.kr)

② 짝과 함께 NCS 직업 카드의 뒷면을 보면서 분류 번호 대로 1~24까지 정리한다.

NCS 직업 카드 만들기

① 앞면에는 NCS 직업 분류 번호, 직업군, 관련 이미지를 넣습니다.

　※이미지는 진로 수업 레시피 154쪽의 이미지를 참고하여 삽입하거나 생략해도 괜찮습니다.

② 뒷면에는 그 직업군이 하는 일과 대표 직업을 적습니다.

③ OA 팬시 페이퍼 A4 120g에 양면 인쇄해서 선대로 잘라서 만들고, 두 명이 1세트를 이용하도록 합니다(16~17세트 정도).

　※A4 용지 한 면에 6개의 직업군을 입력하고, 카드 한 개의 크기는 가로 6.5㎝ 세로 8.5㎝가 적당합니다.

〈NCS 직업 카드 앞면 예시〉　　　〈NCS 직업 카드 뒷면 예시〉

01
사업관리

경영 지원 및 행정 서비스,
사업과 관련된 서비스의 제공,
사무적인 업무 수행

총무사무원, 공공행정사무원,
국가행정사무원,
국제개발협력전문가,
기획 · 마케팅사무원

③ 카드를 뒤집어 번호를 확인한다.

④ 빙고판에서 하트가 있는 곳을 제외한 나머지 칸에 1~24까지의 숫자를 자유롭게 써 넣는다.

⑤ NCS 직업 분류 PPT에서 제시하는 문제에 NCS 카드를 참고하여 알맞은 분류 번호와 직업군을 맞힌다. 예1번, 사업관리

⑥ 정답을 맞힌 사람이 숫자를 고른다.

⑦ 가로, 세로, 대각선 중 5개가 맞으면 '빙고'를 외친다.

NCS 직업 카드가 준비되지 않았으면 카드 분류하기는 생략하고 빙고 게임을 해도 좋습니다.

step 2 국가직무능력표준(NCS) 직업기초능력 알아보기

1 NCS 직업기초능력에 대해 설명한다.
- NCS 직업기초능력이란 대부분의 직종에서 직무를 수행하는 데 필요한 기본적이고 공통적으로 요구되는 지식, 기술, 태도를 말한다. NCS 직업기초능력은 총 10개의 영역을 설정하고 있으며, 각 능력마다 해당 능력을 향상시키기 위한 하위 능력을 두고 있다.

■ 국가직무능력표준(NCS) 직업기초능력과 하위 능력

직업기초능력	설명	하위 능력
의사 소통 능력	글과 말을 읽고 들음으로써 다른 사람이 뜻한 바를 파악하고, 자기가 뜻한 바를 글과 말을 통해 정확하게 쓰거나 말하는 능력	문서 이해 능력, 문서 작성 능력, 경청 능력, 의사 표현 능력, 기초 외국어 능력
수리 능력	사칙연산, 통계, 확률의 의미를 정확하게 이해하고,이를 업무에 적용하는 능력	기초 연산 능력, 기초 통계 능력, 도표 분석 능력, 도표 작성 능력
문제 해결 능력	문제 상황이 발생하였을 경우, 창조적이고 논리적인 사고를 통하여 이를 올바르게 인식하고 적절히 해결하는 능력	사고력, 문제 처리 능력
자기 개발 능력	스스로를 관리하고 개발하는 능력	자아 인식 능력, 자기 관리 능력, 경력 개발 능력
자원 관리 능력	시간, 자본, 재료 및 시설, 인적자원 등의 자원 가운데 무엇이 얼마나 필요한지를 확인하고, 이용 가능한 자원을 최대한 수집하여 실제 업무에 어떻게 활용할 것인지를 계획하고, 계획대로 업무 수행에 이를 할당하는 능력	시간 관리 능력, 예산 관리 능력, 물적 자원 관리 능력, 인적 자원 관리 능력
대인 관계 능력	업무를 수행함에 있어 접촉하게 되는 사람들과 문제를 일으키지 않고 원만하게 지내는 능력	팀워크 능력, 리더십 능력, 갈등 관리 능력, 협상 능력, 고객 서비스 능력
정보 능력	업무와 관련된 정보를 수집하고, 이를 분석하여 의미있는 정보를 찾아내며, 의미있는 정보를 업무수행에 적절하도록 조직하고, 조직된 정보를 관리하며, 업무 수행에 이러한 정보를 활용하고, 이러한 모든 과정에 컴퓨터를 사용하는 능력	컴퓨터 활용 능력, 정보 처리 능력
기술 능력	도구, 장치 등을 포함하여 필요한 기술에는 어떠한 것들이 있는지 이해하고, 실제로 업무를 수행함에 있어 적절한 기술을 선택하여 적용하는 능력	기술 이해 능력, 기술 선택 능력, 기술 적용 능력
조직 이해 능력	업무를 원활하게 수행하기 위해 국제적인 추세를 포함하여 조직의 체제와 경영에 대해 이해하는 능력	국제 감각, 조직 체제 이해 능력, 경영 이해 능력, 업무 이해 능력
직업윤리	원만한 직업생활을 위해 필요한 태도, 예절, 올바른 직업관.	근로윤리, 공동체 윤리

출처 국가직무능력표준(https://www.ncs.go.kr)

❷ 다음 **예**를 참고하여 나의 관심 직업을 수행하는 데 필요한 NCS 직업기초능력과 그 능력을 향상시키기 위해 노력할 일을 적는다.

자신의 관심 직업과 관련하여 필요한 직업기초능력을 한 번 생각해 보는 활동이므로 너무 어렵게 생각하지 말고 자신의 생각대로 간단히 작성하라고 안내해 주세요.

• **관심 직업:** 컴퓨터 프로그래머

직업기초능력	노력할 일
수리 능력	수학, 과학 공부에 집중하기
정보 능력	컴퓨터 프로그램, 코딩 배우기
기술 능력	컴퓨터 분해·조립 과정 연습해 보기

• **관심 직업:** 최고경영자(CEO)

직업기초능력	노력할 일
자기 개발 능력	평소에 자기 관리 잘하기
자원 관리 능력	목표 설정을 위해 계획을 세우고 실천하기
조직 이해 능력	사회 문제에 관심을 갖고 관심 분야의 동아리 활동에 참여하기

❶ 국가직무능력표준(NCS)에 대해 종합적으로 설명한다.

❷ 다른 직업 분류 방법으로 통계청에서 제정·고시하는 한국표준직업분류 방법을 간단히 안내한다.

　① 관리자

　② 전문가 및 관련 종사자

　③ 사무 종사자

　④ 서비스 종사자

　⑤ 판매 종사자

　⑥ 농림 어업 숙련 종사자

　⑦ 기능원 및 관련 기능 종사자

　⑧ 장치·기계 조작 및 조립 종사자

　⑨ 단순 노무 종사자

　A 군인

❸ 다음 수업 시간에 배울 내용을 간략히 소개하고, 필요한 과제나 준비물이 있으면 안내한다.

22

변화하는 사회, 변화하는 직업

직업은 우리가 살아가는 시대상을 반영하며, 산업 발달이나 사회적인 상황에 따라 각광 받거나 외면 받거나 또는 생성되거나 소멸되기도 합니다. 즉, 직업의 변천은 시대의 흐름을 나타내는 거울이라고 할 수 있습니다. 이번 활동에서는 시대별 생활상의 변화에 따른 직업의 변화를 알아보고, 블록 퀴즈를 통해 없어지거나 사라지는 직업, 계속 이어져 내려오는 직업, 새로 생겨나는 직업을 찾아보고 그 이유에 대해 생각해 보겠습니다.

준비물 활동지, 색연필 등

▶ 영상을 시청하고 과거 사람들의 상상 중에서 현실이 된 것을 적어 보자.

> **제목** 지나온 미래의 꿈
>
> **내용** 과거 사람들이 미래에 대해 어떤 상상을 했고, 그것이 얼마나 현실이 되었는지 소개한다.
>
> **출처** https://jisike.ebs.co.kr/jisike/index (04:48)

❚❚ ▶❙ ◀)) ━━━━━━━━━━━━━━━━━━ HD ⌈+⌋

---

1 시대별 생활상에 따른 직업의 변화 알아보기

· 시대별 생활상의 빈칸을 채워 보자. 미래의 생활상에 대해서는 상상해서 적어 본다.

과거 옷을 직접 만들어서 신분이나 성별에 따라 다른 옷을 입었다.	
현재	
미래 첨단 신소재로 만든 의복을 입을 것이다.	

과거	
현재 외식을 많이 하고 가공 식품도 자주 먹는다.	
미래 꼭 필요한 영양소를 합성하여 알약이나 캡슐 형태로 만들어 먹을 것이다.	

과거 온돌을 이용한 초가집이나 기와집 등 한옥에서 생활하였다.	
현재 연립 주택이나 아파트 등 공동 주택에서 많이 생활한다.	
미래	

과거	
현재 일주일에 5일을 학교에 가서 선생님과 공부한다.	
미래 3D 홀로그램을 이용하여 집에서 수업을 듣는다.	

의생활 식생활 주생활

교육 **생활의 변화** 의료

교통 통신 놀이

과거 약초로 약을 만들어 먹거나 민간 요법으로 치료했다.	
현재	
미래 진단에서 치료까지 로봇이 원격으로 한다.	

과거 주로 걸어서 이동했고, 가마, 말 등을 이용했다.	
현재	
미래 무인 자동화 시스템이 사람 대신 운전해 준다.	

과거 직접 사람을 보내거나 편지를 보냈다.	
현재 휴대 전화, SNS, 이메일 등을 이용한다.	
미래	

과거 실뜨기, 팽이치기, 씨름, 연날리기 등의 놀이를 하였다.	
현재 인터넷 게임을 하거나 놀이동산에 간다.	
미래	

· 위의 생활상 중 한 분야를 골라 관련 직업의 변화를 적어 보자.

분야	없어진 과거 직업	현재 있는 직업	앞으로 생길 미래 직업

2 사라진 직업, 새로 생긴 직업 찾기

• 다음 글자판을 보고 보기에 제시된 직업을 찾아 표시해 보자.

• 사라진 직업은 빨강색으로, 새로 생긴 직업은 파랑색으로 구분해 보자.

굴	물	국	제	변	호	사	장	수	로	병	원	코	디	네	이	터	저	개	발
뚝	자	컬	러	리	자	스	애	기	후	변	화	전	문	가	트	니	공	정	무
청	역	전	문	발	가	굴	뚝	견	청	원	소	손	해	애	매	극	장	간	판
소	화	가	개	옹	기	장	수	국	미	제	변	컬	호	드	견	미	용	고	공
원	물	봇	장	수	타	이	물	장	수	용	피	러	펀	인	스	나	트	정	기
후	로	변	화	타	이	피	스	트	버	전	사	리	문	력	가	대	무	노	인
극	디	지	털	장	의	사	심	리	스	웹	전	스	상	거	담	역	장	장	전
장	화	전	화	교	환	원	교	환	안	원	툰	트	숯	꾼	전	쟁	이	장	수
간	산	웹	털	나	무	숯	장	대	내	문	이	작	자	문	화	여	가	사	이
판	툰	치	림	작	쟁	가	안	수	원	장	여	화	가	담	살	방	상	림	인
화	제	유	역	이	지	도	버	스	용	푸	드	스	타	일	리	스	트	내	지
가	견	무	인	공	지	능	전	문	가	환	전	컴	퓨	터	보	안	전	문	가

보기

- 물장수
- 로봇 개발자
- 컬러리스트*
- 공정 무역 전문가*
- 굴뚝 청소원

- 펀드 매니저
- 극장 간판 화가
- 국제 변호사
- 애견 미용사
- 옹기장수

- 타이피스트
- 기후 변화 전문가
- 병원 코디네이터
- 전화 교환원
- 숯쟁이

- 푸드 스타일리스트
- 버스 안내원
- 디지털 장의사*
- 인력거꾼
- 컴퓨터 보안 전문가

- 인공 지능 전문가
- 문화 여가사*
- 대장장이
- 웹툰 작가
- 나무장수

*문화 여가사: 즐거운 여가 문화를 안내하고 지도한다.

*컬러리스트: 색채 조사 및 분석, 색채 디자인, 색채 관리 등 색깔과 관련된 일을 전문적으로 한다.

*디지털 장의사: 고객의 의뢰에 따라 개인이 원하지 않는 인터넷 기록 및 정보를 삭제 또는 접근할 수 없도록 조치한다.

*공정 무역 전문가: 저개발 국가의 생산자와 그들이 생산한 제품을 구입하는 소비자 사이에서 공정한 무역이 이루어 지도록 돕는다.

• 사라진 직업과 새로 생긴 직업 중에서 1개씩을 골라 그 이유를 적어 보자.

구분	사라진 직업	새로 생긴 직업
직업		
이유		

 도입 **10** 분

① 직업이 사라지고 생겨나는 이유에 대해 생각하면서 영상을 시청하도록 안내한다.

영상 소개

　　2차 산업 혁명(1865~1900) 이후 전기 모터, 내연기관, 화학비료 등 새로운 기술이 등장하였고, 전등, 축음기, 전화, 녹음기, 자동차, 철도망, 비행기, 대형증기선, 고층건물, 영화, 라디오 등 끊임없이 등장한 발명품으로 우리 생활은 크게 변화되었다. 또한 과거 사람들이 상상했던 기술은 대부분 현실이 되었는데, 달걀을 집어넣으면 병아리가 되어 나오는 자동 부화 기계, 버튼 하나만 누르면 자동으로 수확되는 자동 밀 수확 기계, 전화를 하면 상대방의 모습이 거울에 비춰지는 화상전화 등이 그것이다.

　　끝날 것 같지 않은 기술적 발전이 보여준 무한한 가능성은 인류의 삶에 어떤 영향을 끼쳤는지 생각해 본다.

② 100년전 사람들의 상상 중에서 현실이 된 것은 무엇인지 적도록 한다.

자동 부화 기계, 자동 밀 수확 기계, 자동 청소 기계, 화상 통화 등

전개 30분

step 1 시대별 생활의 변화에 따른 직업의 변화 알아보기

❶ 시대별 생활상을 알아보고 빈칸을 채운다.

10분 동안 혼자 작성하게 한 후에 5분 정도의 시간을 더 주고, 짝이나 친구들과 함께 의논해서 빈칸을 채우도록 합니다.

	의생활
과거	옷을 직접 만들어서 신분이나 성별에 따라 다른 옷을 입었다.
현재	주로 합성 소재로 만든 옷을 입는다.
미래	첨단 신소재로 만든 의복을 입을 것이다.

	식생활
과거	나물, 생선 등을 구해서 음식을 직접 조리해서 먹었다.
현재	외식을 많이 하고 가공 식품도 자주 먹는다.
미래	꼭 필요한 영양소를 합성하여 알약이나 캡슐 형태로 만들어 먹을 것이다.

	주생활
과거	온돌을 이용한 초가집이나 기와 집 등 한옥에서 생활하였다.
현재	연립 주택이나 아파트 등 공동 주택에서 많이 생활한다.
미래	첨단 사이버 주택이 증가하고 재택 근무가 보편화 될 것이다.

	교육
과거	서당이나 향교, 서원에서 공부했다.
현재	일주일에 5일을 학교에 가서 선생님과 공부한다.
미래	3D 홀로그램을 이용하여 집에서 수업을 듣는다.

생활의 변화

의생활 · 식생활 · 주생활
교육 · 교통 · 의료
통신 · 놀이

	의료
과거	약초로 약을 만들어 먹거나 민간 요법으로 치료했다.
현재	병원에 가서 진료받고, 약국에서 약을 받는다.
미래	진단에서 치료까지 로봇이 원격으로 한다.

	교통
과거	주로 걸어서 이동했고, 가마, 말 등을 이용했다.
현재	자동차, 배, 비행기, 기차 등을 이용한다.
미래	무인 자동화 시스템이 사람 대신 운전해 준다.

	통신
과거	직접 사람을 보내거나 편지를 보냈다.
현재	휴대 전화, SNS, 이메일 등을 이용한다.
미래	홀로그램을 통해 실제로 만나 대화하듯 통화할 것이다.

	놀이
과거	실뜨기, 팽이치기, 씨름, 연날리기 등의 놀이를 하였다.
현재	인터넷 게임을 하거나 놀이동산에 간다.
미래	인공 지능을 통해 자신이 원하는 게임을 직접 만들어서 논다.

❷ 작성한 생활의 변화를 하나씩 발표하도록 한다.

❸ 생활의 변화 중 한 분야를 골라 관련 직업의 변화를 적고 발표한다.

아직 빈칸을 채우지 못한 학생들은 친구의 발표 내용을 들으면서 적도록 안내합니다.

분야	없어진 과거 직업	현재 있는 직업	앞으로 생길 미래 직업
교통	마부	조종사, 운전사	자율 주행 자동차 연구원

step 2 사라진 직업, 새로 생긴 직업 찾기

❶ 제시된 직업을 글자판에서 찾는다.

짝과 함께 또는 모둠별로 찾도록 하면 더 즐겁고 빠르게 찾을 수 있습니다. 빨리 찾는 사람이나 모둠에게 보상을 준다고 하면 더 집중해서 잘 한답니다.

② 사라진 직업은 빨강색으로, 새로 생긴 직업은 파랑색으로 구분하도록 안내한다.

③ 찾은 직업은 보기에서 줄을 긋거나 동그라미를 해서 체크하도록 한다.

굴	물	국	제	변	호	사	장	수	로	병	원	코	디	네	이	터	저	개	발
뚝	자	컬	러	리	자	스	애	기	후	변	화	전	문	가	트	니	공	정	무
청	역	전	문	발	가	굴	뚝	견	청	원	소	손	해	애	매	극	장	간	판
소	화	가	개	옹	기	장	수	국	미	제	변	컬	호	드	견	미	용	고	공
원	물	봇	장	수	타	이	물	장	수	용	피	러	펀	인	스	나	트	정	기
후	로	변	화	타	이	피	스	트	버	전	사	리	문	력	가	대	무	노	인
극	디	지	털	장	의	사	심	리	스	웹	전	스	상	거	담	역	장	장	전
장	화	전	화	교	환	원	교	환	안	원	툰	트	숯	꾼	전	쟁	이	장	수
간	산	웹	털	나	무	숯	장	대	내	문	이	작	자	문	화	여	가	사	이
판	툰	치	림	작	쟁	가	안	수	원	장	여	화	가	담	살	방	상	림	인
화	제	유	역	이	지	도	버	스	용	푸	드	스	타	일	리	스	트	내	지
가	견	무	인	공	지	능	전	문	가	환	전	컴	퓨	터	보	안	전	문	가

보기

- 물장수
- 로봇 개발자
- 컬러리스트
- 공정 무역 전문가
- 굴뚝 청소원
- 펀드 매니저
- 극장 간판 화가
- 국제 변호사
- 애견 미용사
- 옹기장수
- 타이피스트
- 기후 변화 전문가
- 병원 코디네이터
- 전화 교환원
- 숯쟁이
- 푸드 스타일리스트
- 버스 안내원
- 디지털 장의사
- 인력거꾼
- 컴퓨터 보안 전문가
- 인공 지능 전문가
- 문화 여가사
- 대장장이
- 웹툰 작가
- 나무장수

④ 사라진 직업과 새로 생긴 직업을 한 개씩을 골라 그 이유를 적어 보고 발표하도록 한다.

구분	사라진 직업	새로 생긴 직업
직업	굴뚝 청소원	문화 여가사
이유	난방 방식이 바뀌면서 굴뚝이 있는 집들이 사라졌기 때문에	웰빙에 대한 관심이 높아지면서 문화나 여가를 찾는 사람들이 늘어나고 있기 때문에

정리 5분

❶ 사회의 변화에 따라 직업도 변화한다는 것을 다시 한 번 설명한다.

❷ 다음 수업 시간에 대해 소개하고, 미래 사회의 변화에 유망할 직업을 찾아오도록 과제로 제시한다.

23

미래 사회, 미래의 직업

　인공 지능, 빅데이터, 생명공학, 친환경 산업, 글로벌 사회, 고령화 사회 등 다양한 변화가 직업 세계에 영향을 끼치고 있습니다. 그러므로 미래에 나타날 수 있는 직업의 모습을 예측해 보고, 세상을 넓게 내다보며 다가올 자신의 미래를 준비하는 일은 매우 중요합니다. 이번 활동에서는 미래 직업 트렌드가 우리의 미래 생활이 어떤 영향을 미칠 것인지 알아보겠습니다. 또한 미래 직업 트렌드에 맞는 미래 직업을 전망해 보고, 미래 직업을 가진 자신의 모습에 대해 생각해 보겠습니다.

준비물　활동지, 미래 직업 카드(부록 4), 가위, 풀, 색연필 등

▶ 영상을 시청하고 미래에 자동화 될 수 없는 역량 4가지를 적어 보자.

제목 일자리의 미래

내용 미래의 핵심 역량을 통해 일자리의 미래에 대해 알아본다.

출처 http://youtube.com/watch?v=P28DFNSwtwE (05:00)

⏸ ⏭ 🔊 ▬▬▬▬▬▬▬   HD ⛶

---

1 미래 직업 트렌드로 알아본 미래 생활

• 다음은 미래 직업 트렌드의 분야별 주요 키워드이다. 나의 관심 키워드에 체크해 보자.

기술적 변화 첨단 과학 기술의 변화	☐ 빅데이터 ☐ 사물인터넷 ☐ 인공 지능 ☐ 로봇 ☐ 가상·증강 현실 ☐ 3D 프린터 ☐ 자율 주행 자동차 ☐ 드론 ☐ 바이오 ☐ 스마트헬스 ☐ 핀테크* ☐ 모바일 ☐ 클라우드 서비스
사회·경제적 변화 저출산 고령화, 삶의 질 추구	☐ 초연결 사회 ☐ 초지능화 ☐ 고령화 ☐ 저출산 ☐ 일과 여가의 균형 ☐ 공유 경제 ☐ 웰빙과 웰다잉 ☐ 가족 구성 변화 ☐ 문화의 다양화 ☐ 글로벌화 ☐ 자동화·디지털화 ☐ 창업·창직 ☐ 직무 융·복합화 ☐ O2O서비스* ☐ 유연 근무 ☐ 로봇과 협업
환경적 변화 환경 오염, 에너지 부족, 기후 변화	☐ 기후 변화 ☐ 신재생 에너지 ☐ 환경 오염 ☐ 물 부족

출처 커리어넷, 재미있게 놀이하는 진로 카드-알쏭달쏭 카드(미래 직업 트렌드).

*핀테크: 금융(은행·증권 등)과 IT 기술을 융합한 서비스나 산업 **예** 인터넷 은행

*O2O(Online To Offline)서비스: 온라인과 오프라인을 결합한 사업 **예** 모바일 배달주문, 온라인 예약 등

• 체크한 키워드 카드 중 1가지를 선택하여 미래 생활에 미칠 영향을 글과 그림으로 간단히 표현해 보자.

예시 로봇

2 미래 사회의 직업 전망해 보기

• 미래 직업 카드를 오려서 관련 미래 직업 트렌드에 붙여 보고, 관련 직업과 맞게 색칠해 보자.

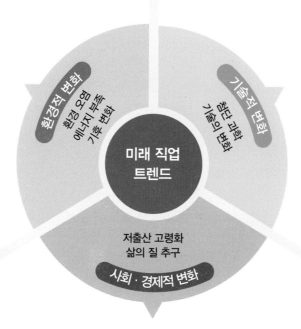

• 미래 직업 트렌드 키워드와 관심 직업이 들어가도록 미래의 내 모습을 표현해 보자.

예 나는 3D 프린터를 이용하여 옷을 만드는 패션 디자이너이다.

수업 진행 레시피

도입 10분

❶ 미래 사회의 미래 직업에 대해 생각하면서 영상을 시청하도록 안내한다.

 영상 소개

인류에게는 지금까지 기술뿐 아니라 사람들의 생각과 세상을 변화시킨 네 차례의 산업 혁명이 있었다. 18세기 1차 산업 혁명으로 증기 기관 발명, 19세기 2차 산업 혁명으로 전기 에너지 사용, 20세기 3차 산업 혁명으로 생산라인 자동화, 21세기 4차 산업 혁명으로 사람이 필요 없는 대량 생산의 시작이 그것이다.

현재 7세 아동의 65%는 미래에 새로운 직종에서 일하게 될 것이고, 평생 4~5개의 직업을 가져야 하는 사회가 될 것이라고 한다. 그래서 단순한 지식 암기가 아닌 현실에 적용 가능한 능력을 키우는 역량 중심 교육의 필요성이 대두되고 있다. 이에 따라 각 국가에서는 지식, 기술을 창의적으로 활용하고, 갈등 속에서 문제 해결력을 키우며, 도전 정신을 동력 삼아 프로젝트를 기획하고 실행하는 역량 중심으로 교육과정을 바꾸고 있다.

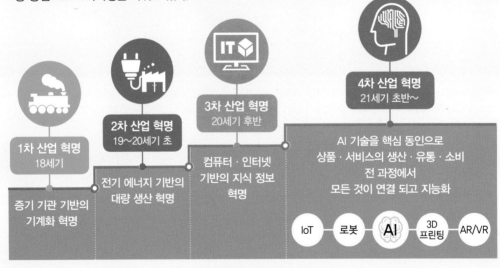

▲ 산업 혁명의 변화

❷ 영상 4분 36초에서 잠깐 멈추고 미래에 요구되는 역량을 함께 적는다.

• 창의, 예술, 사람들과의 상호작용, 공감

step 1 미래 직업 트렌드로 알아본 미래 생활

① 미래 직업 트렌드 3가지와 키워드 33가지를 간단히 설명한다.

② 나의 관심 키워드를 골라 체크한다.

기술적 변화					
첨단 과학 기술의 변화	□ 빅데이터	□ 사물인터넷	☑ 인공 지능	□ 로봇	□ 가상·증강 현실
	☑ 3D 프린터	□ 자율 주행 자동차	☑ 드론	□ 바이오	□ 스마트헬스
	□ 핀테크*	□ 모바일	□ 클라우드 서비스		

사회·경제적 변화				
저출산 고령화, 삶의 질 추구	□ 초연결 사회	□ 초지능화	□ 고령화	□ 저출산
	☑ 일과 여가의 균형	□ 공유 경제	□ 웰빙과 웰다잉	□ 가족 구성 변화
	□ 문화의 다양화	☑ 글로벌화	□ 자동화·디지털화	□ 창업·창직
	□ 직무 융·복합화	□ O2O서비스	□ 유연 근무	☑ 로봇과 협업

환경적 변화				
환경 오염, 에너지 부족, 기후 변화	□ 기후 변화	☑ 신재생 에너지	☑ 환경 오염	□ 물 부족

③ 체크한 키워드중 1가지를 선택하여 우리의 미래 생활에 미칠 영향을 간단한 글과 그림으로 표현한다.

• 그림이 어려우면 글로만 써도 된다고 안내한다.

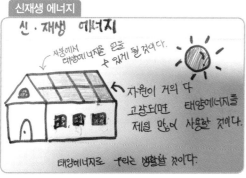

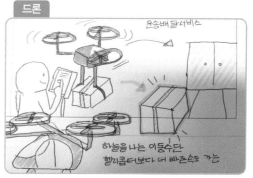

step 2 미래 사회의 직업 전망해 보기

❶ 부록4의 미래 직업 카드를 오리도록 안내한다.

가위를 이용해서 자르고, 가위로 장난을 하지 않도록 주의를 줍니다.

❷ 오린 미래 직업 카드를 활동지의 미래 직업 트렌드 표에 붙인다.

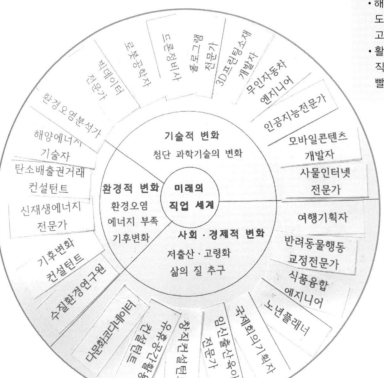

- 해바라기 모양으로 붙이게 지도하되, 자유롭게 해도 된다고 안내합니다.
- 활동지에 먼저 풀을 바르고, 직업을 하나하나 붙이면 더 빨리 붙일 수 있습니다.

❸ 관련 직업과 미래 직업 트렌드가 서로 맞도록 색칠한다.

3가지 색연필을 선택해서 먼저 기술적 변화 직업을 제시하며 색칠하게 하고, 다른 색으로 사회경제적 변화를 칠하고, 나머지 색으로 환경적 변화로 인한 직업을 색칠합니다.

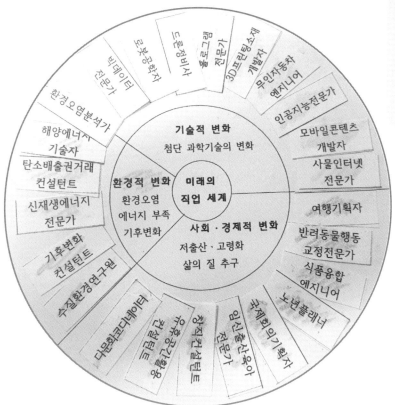

❹ 미래 직업 트렌드 키워드와 관심 직업이 들어가도록 미래의 내 모습을 표현해 본다.

• 문장의 앞에는 미래 직업 트렌드 키워드를 넣고, 문장 뒤에는 미래 직업이 들어가도록 합니다.
• 키워드에 없는 직업도 괜찮다고 안내해 주세요.

• 나는 인공 지능으로 사람들의 생활을 조금 더 편하게 해주는 인공 지능 전문가다.
• 나는 드론을 이용하여 재난 현장에 투입시키고 실종자나 부상자를 발견하여 구조하는 드론 엔지니어다.
• 나는 자율 주행 자동차와 드론으로 교통 정보를 제작하는 교통 전문가다.
• 나는 사람들의 노년을 책임지는 노년 플래너다.

❺ 4~5명 정도 발표한다

❶ 미래의 직업에 대비해서 우리가 갖추고 노력해야 할 자세에 대해 설명한다.

❷ 다음 수업 시간에 배울 내용을 간략히 안내하고, 필요한 준비물이 있으면 안내한다.

MEMO

24

우리들의
직업 만들기

극심한 취업난 속에서도 좋아하는 일을 직업으로 삼으려는 사람들이 늘고 있습니다. 즉 경쟁이 치열한 기존 직업이 아니라 창의적인 아이디어와 활동으로 세상에 없던 직업을 만드는 '창직'을 하겠다는 취지입니다. 창직은 스스로 일자리를 만드는 차원을 넘어 다른 사람에게도 일자리를 마련해 줄 수 있기 때문에 개인은 물론 사회에도 매우 의미 있는 일입니다. 이번 활동에서는 나의 창직 역량을 알아보고, 창직의 구체적인 사례를 통해 창직을 이해하여 일상생활 속에서 불편한 점을 해결하는 활동을 통해 새로운 직업을 생각해 보겠습니다.

준비물 활동지, 형광펜, 창직 사례 PPT 등

▶ 영상을 시청하고 성공한 청년 기업가의 공통점을 적어 보자.

> **제목** 성공한 청년 기업가의 공통점
>
> **내용** 청년 기업가 200명을 인터뷰하여 그들에게 존재하는 공통점 6가지를 소개한다.
>
> **출처** https://www.youtube.com/watch?v=DGiyA-9-Jxc&feature=youtu.be (01:40)
>
> ⏸ ⏭ 🔊 ▬▬▬▬   HD ⌞+⌝

1 일상의 _____ 을 찾는다.

4 현명하게 _____ 한다.

2 _____ 보고 질주한다.

5 사람들과 _____ 한다.

3 _____ 로 비행한다.

6 _____ 를 베푼다.

1 나의 창직 역량 알아보기

· 자신이 기대하거나 평소에 생각했던 자신의 창직 역량에 ★을 그린다.
· 정해진 시간에 3명의 친구를 만난다(만난 친구의 이름을 활동지 아래에 쓴다).
· 만나면 서로 인사하고, 친구가 가진 창직 역량에 ★을 그려 준다.
· 가장 많은 ★이 그려진 역량 세 가지를 형광펜으로 표시해 보자.

창직 역량	★ 그리기	창직 역량	★ 그리기
창의적인 아이디어가 풍부하다.		어려움을 잘 참고 견딘다.	
직업의 세계를 잘 이해하고 있다.		다른 사람과 잘 협력한다.	
자신이 잘할 수 있는 일을 잘 안다.		목표를 향해 끊임없이 노력한다.	
자신의 관심 분야를 잘 안다.		옳고 그름을 잘 판단한다.	
남보다 한발 앞서 가려는 성향이 강하다.		새로운 것을 잘 생각해 낸다.	
다른 사람의 도움을 잘 구한다.		자기주도적으로 문제를 잘 해결한다.	
실패를 잘 활용할 줄 안다.		구성원을 잘 이끌어 나간다.	

· **만난 친구 이름**

• ★이 가장 많이 그려진 창직 역량을 쓰고, 그 역량을 발휘했던 사례를 적어 보자.

창직 역량	사례

2 창직 사례 빙고 게임하기

• 빙고판에 1~16까지의 숫자를 자유롭게 써 넣는다.
• 창직 사례 PPT에서 제시한 문제의 정답을 맞힌 사람이 숫자를 고른다.
• 가로, 세로, 대각선 중 4개가 맞으면 '빙고'를 외친다(4빙고).

3 나만의 직업 만들기

• 일상생활 속에서 필요한 것, 불편한 점, 문제점 등을 찾아 해결할 수 있는 방법을 생각해 보자.
• 문제점을 해결하고 사람들에게 도움이 되는 직업을 새롭게 만들어 보자.

문제점	올바른 가치를 위한 해결 방법	새롭게 만든 직업
예 사람들이 버리는 물건이 너무 많다.	버리는 자원으로 제품을 만들어 물건의 가치를 높이는 일 즉, 업사이클하는 일을 전문적으로 해 보자.	업사이클 전문가, 업사이클 디자이너

수업 진행 레시피

도입 10분

❶ 영상을 시청하고 빈칸에 안에 알맞은 말을 적는다.

> 🧑 **영상 소개**
>
> 작가 에이미 윌킨슨은 획기적인 성과를 보여준 글로벌 기업 청년가 200명을 인터뷰했고, 그들에게 존재하는 공통점 6가지를 찾아냈는데, 그것은 다음과 같다.
>
> | 코드 ❶ | 일상의 <u>빈틈</u> 을 찾는다. | ➡ | 거창한 아이디어가 아니어도 좋다. 우리의 일상에서 촉각을 세우고 기회를 찾아낸다. |
> |---|---|---|---|
> | 코드 ❷ | <u>멀리</u> 보고 질주한다. | ➡ | 지평선을 보면 주변은 보이지 않는 법, 경쟁자나 규범에 연연하지 않고 달린다. |
> | 코드 ❸ | <u>우다루프*</u> 로 비행한다. | ➡ | 관찰하고 방향을 잡고 결정하고 행동한다. 그리고 다시 반복한다. |
> | 코드 ❹ | 현명하게 <u>실패</u> 한다. | ➡ | 작은 도전과 작은 실패를 계속하며 아이디어를 검증하고 성공 확률을 높인다. |
> | 코드 ❺ | 함께 <u>협력</u> 한다. | ➡ | 함께 모여 해결하기 위해 공간을 만들고 팀을 짜고 게임을 한다. |
> | 코드 ❻ | <u>선의</u> 를 베푼다. | ➡ | 누군가를 흔쾌히 도와주고 동료에게 새로운 기회를 열어준다. |
>
> *우다루프(OODA Loop): 관찰(Observe)→방향(Orient)→결정(Decide)→행동(Act)을 반복하는 무한 순환(Loop)

❷ 창직에 대하 간략히 설명한다(181쪽 참고).

전개 30분

step 1 나의 창직 역량 알아보기

❶ 자신이 기대하거나 평소에 생각했던 자신의 창직 역량에 ★을 그린다.

❷ 정해진 시간에 3명의 친구를 만난다(만난 친구의 이름을 활동지 아래에 쓴다).

③ 만나면 서로 인사하고, 친구가 가진 창직 역량에 ★을 그려 준다.

④ 가장 많은 ★이 그려진 역량 세 가지를 형광펜으로 표시해 보자.

• 3~5분 정도의 시간을 정해 주고 활동을 해요.
• 3명을 만나지 못했어도 시간이 되면 자리에 앉도록 안내해요.

창직 역량	★ 그리기	창직 역량	★ 그리기
창의적인 아이디어가 풍부하다.		어려움을 잘 참고 견딘다.	
직업의 세계를 잘 이해하고 있다.		다른 사람과 잘 협력한다.	
자신이 잘할 수 있는 일을 잘 안다.	★	목표를 향해 끊임없이 노력한다.	
자신의 관심 분야를 잘 안다.	★★	옳고 그름을 잘 판단한다.	★★★
남보다 한발 앞서 가려는 성향이 강하다.	★	새로운 것을 잘 생각해 낸다.	
다른 사람의 도움을 잘 구한다.	★★★	자기주도적으로 문제를 잘 해결한다.	
실패를 잘 활용할 줄 안다.		구성원을 잘 이끌어 나간다.	★

⑤ ★이 가장 많이 그려진 창직 역량을 쓰고, 그 역량을 발휘했던 사례를 적어 보자.

창직 역량	사례
다른 사람과 잘 협력한다.	예전에 모둠 활동을 할 때 모둠원들의 의견이 달라서 서로 갈등이 있었고, 모둠 활동이 중단될 뻔했다. 그러나 나의 의견을 양보하고 다른 모둠원들의 의견을 잘 조정하여 좋은 결과물을 얻을 수 있었다.

⑥ 4~5명 정도 발표하도록 한다.

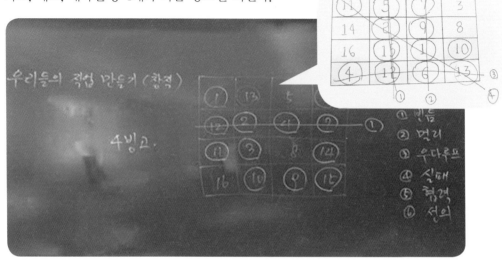

step 2 창직 사례 빙고 게임하기

❶ 빙고판에 1~16까지의 숫자를 자유롭게 써 넣는다.
  • 교사도 칠판에 빙고판을 그려서 빙고 게임을 함께 한다.

❷ 창직 사례 PPT에서 제시한 문제의 정답을 맞힌 사람이 숫자를 고른다.

❸ 가로, 세로, 대각선 중 4개가 되면 '빙고'를 외친다.

step 3 나만의 직업 만들기

❶ 일상생활 속에서 필요한 것, 불편한 점, 문제점 등을 찾아본다.
  • 다양한 각자의 생각을 발표해서 학급 전체가 아이디어를 공유하는 시간을 갖는다.

❷ 불편함이나 문제점을 해결할 수 있는 올바른 방법을 생각해 본다.

❸ 문제점을 해결하고 사람들에게 도움이 되는 직업을 새롭게 만들어 본다.

> **TIP**
> • 실제 창직의 사례를 소개해 도움을 줘요.
> • 거창한 것이 아니어도 자신의 아이디어나 생각이 중요하므로 어렵게 생각하지 않고 활동할 수 있도록 안내해 주세요.

문제점	올바른 가치를 위한 해결 방법	새롭게 만든 직업
바쁜 현대인들이 패스트푸드를 많이 먹어서 건강이 좋지 못하다.	패스트푸드를 많이 먹으면 필요한 영양소를 골고루 챙기지 못하는 문제가 발생한다. 이러한 문제점에 착안하여 고객의 영양소 균형을 맞추기 위해 필요한 음식 메뉴나 레시피 등을 제공하는 일을 전문적으로 한다.	영양소 맞춤 컨설턴트

❹ 4~5명 정도 발표한다.

① 인터넷으로 창직 역량 및 창업 창직 사례를 찾아보도록 안내한다.

• 워크넷(http://www.work.go.kr)→직업 · 진로→직업 정보→직업 정보 찾기→신직업 · 창직 찾기

② 자신의 창업가적 역량을 진단해 볼 수 있는 사이트를 안내한다.

• 온라인 창업 체험 교육 플랫폼(http://yeep.kr)→핵심 역량 진단→청소년 창업가 정신 핵심 역량 진단하기

③ 다음 수업 시간에 배울 내용을 간략히 소개하고, 필요한 준비물이나 과제가 있으면 안내한다.

창직

창직의 의미	창직(創職, Job Creation)이란 창조적 아이디어와 활동을 통해 스스로 새로운 직업을 발굴하고 이를 바탕으로 노동 시장에 진입하는 것을 말한다. 개인이 기존 노동 시장 일자리에 진입하지 않고 문화 · 예술 · IT · 농업 · 제조업 등 다양한 분야에서 창조적인 아이디어와 활동을 통해 자신의 지식, 기술, 능력, 흥미, 적성 등에 부합한 기존에 없던 직업을 발굴하고, 이를 바탕으로 일자리를 창출하는 것이다.
창직의 조건	• 참신해야 한다 • 경쟁력과 시장성이 있어야 한다 • 실현 가능해야 한다 • 전문성과 프리랜서 등으로의 가능성이 있어야 한다 • 자신의 적성에 맞는지 먼저 파악해야 한다 • 직업 세계가 어떻게 변화하는지 살펴야 한다
창직 활동을 통한 만들어진 새로운 직업	건축 여행 기획자, 메시지 필름 제작자, 음악 캠프 컨설턴트, 장애인 여행 코디네이터, 의료 관광 컨시어지, 농산물 꾸러미 식단 플래너, 시니어 여가 생활 매니저, 시니어 전화 안부 상담사, 자기 성장 기간 기획자, 홈스쿨 코디네이터, 여행 비디오 창작자, 창작자 에이전트, 스포츠 영상 전문가, 캠핑 비즈니스 전문가, 트리 클라이밍 지도사, 유휴 공간 활용 컨설턴트, 주택 하자 평가사, 웹툰 번역가, 농장 파티 기획자 등

출처 한국고용정보원, 우리들의 직업 만들기.

MEMO

25

나의 꿈 버튼 만들기

이번 활동은 자신의 꿈을 간단하지만 명료하게 생각해 볼 수 있는 '나의 꿈 버튼 만들기' 입니다. 자신의 '꿈'과 '꿈 너머 꿈'을 버튼에 표현해 보면서 자신의 꿈을 더 구체화할 수 있고, 만들어진 꿈 버튼으로 다른 친구의 꿈 맞히기 퀴즈를 하면서 나의 꿈과 친구의 꿈도 알 수 있을 것입니다.

준비물 활동지, 버튼기, 버튼기 재료, 색연필, 사인펜, 다양한 모양의 스티커 등

▶ **영상을 보고 주인공의 꿈과 경영 원칙 세 가지를 적어 보자.**

제목	희한한 빵집
내용	일반적인 빵집과는 다르게 특별한 방법으로 빵을 만드는 제빵사의 꿈을 소개한다.
출처	https://www.youtube.com/watch?v=WgR9ulthmXY&t=28s **(05:18)**

주인공의 꿈	
경영 원칙	

🔄 **나의 꿈 버튼 만들기**

• 원형 색지 정중앙에 자신의 꿈과 가치관이 포함된 직업을 쓴다.

  예 천연 효모를 살려 '진짜 빵'을 만드는 제빵사

• 그 바로 아래 자신의 이름을 쓰고, 자신의 꿈과 가치관을 표현할 수 있는 캐릭터나 그림을 그린다.

• 버튼을 만들었을 때 잘릴 수 있으므로 가장자리를 5㎜ 정도 남기고 그린다.

• 완성된 그림을 버튼 제작기에 부속을 넣어 제작한다.

수업 진행 레시피

도입 10분

❶ 활동지를 나누어 주고 영상을 시청한다.

 영상 소개

빵을 만들 때 인공 효모를 쓴다면 3시간 이면 빵을 만들 수 있고, 빵 맛을 내기 위해 설탕과 버터를 추가한다고 한다. 인공 효모 가 가져온 값싸고 달콤한 흔한 빵들의 전성 시대에 일주일에 3일은 쉬고, 1년에 한 달 은 장기 휴가를 가는 특별한 빵집이 있다.

농약과 비료가 섞이지 않은 그 지역의 밀 과 깨끗한 물을 사용하고, 최소 10시간에서 최대 3일 동안에 걸쳐 빵을 만드는 특별한 제빵사에 대한 이야기다. 주인공은 빨리 많 이 만들수록 낮아지는 빵의 가격, 값 싸지는 일자리, 낮아지는 삶의 질의 악순환에서 벗어나기 위해 자신만의 경영 원칙을 고집하기로 한다. 자신이 사는 고장의 재료 쓰기, 천연 효모로 정성껏 만들기, 정당한 가격에 적당량만 판매하기 등이 그것이다. 또한 빵을 잘 만들기 위해 반드시 빵을 안 만드는 시간도 갖기로 한다.

"저는 그저 효모의 목소리에 귀 기울이고, 그 목소리에 따라 빵을 굽습니다. 그게 가장 자연스러우 니까요."

❷ 4분 13초 정도에서 영상을 일시 중지시키고 주인공의 꿈을 적도록 한다.
• 천연 효모를 살려 진짜 빵을 만드는 제빵사

❸ 영상을 4분 22초 정도에 다시 일시 중지시키고 주인공의 경영 원칙 세 가지를 적도록 한다.
• 내가 사는 고장의 재료 쓰기, 천연 효모로 정성껏 만들기, 정당한 가격에 적당량만 판매하기

❹ 영상의 나머지 부분을 시청한다.

❺ 영상의 주인공이 경영 원칙을 지키려는 이유가 무엇인지 질문해 본다.
• 좀더 신선한 재료로 빵을 만들기 위해서
• 자신이 생각하는 진짜 빵을 만들기 위해서
• 많은 이익을 남기기 위해 욕심을 부리면 자신의 소신이 흔들릴 수 있기 때문에

전개 30분

step 1 나의 꿈 버튼 만들기

① 전체적인 활동 방법을 설명한다.

② 먼저 활동지에 어떤 내용으로 만들지 그려보도록 한다.

• 활동지에는 간단히 연습하는 것이므로 문구나 도안 정도만 그려 보게 합니다.
• 활동지를 검사한 다음 색지를 1장씩 가져가게 합니다.

③ 활동지가 완성되면 마음에 드는 색지를 가져가서 만들도록 한다.

• 먼저 원형 색지에 자신의 이름을 쓴다.

• 자신의 꿈과 가치관이 담겨있는 미래 희망 직업을 쓴다.

• 직업을 표현하는 이미지나 그림을 그린다.

• 준비해 놓은 색연필, 사인펜을 이용하여 색칠을 한다.

• 전체적으로 가장자리를 5㎜ 정도 남기고 그리도록 안내한다.

④ 완성된 그림을 갖고 오면 교사가 버튼 제작기에 부속을 넣어 제작해 준다.

• 학급의 도우미를 활용하면 수월하게 진행할 수 있습니다.
• 학생들이 재미있고 신기해하는 수업으로 활동이 끝나고 더 만들고 싶은 학생은 쉬는 시간이나 점심시간, 방과 후에 진로진학실에 와서 만들었답니다.

step 2 친구의 꿈 퀴즈 게임하기

① 꿈 버튼 만들기가 끝나면 친구의 꿈 퀴즈 게임을 한다.

② 교사가 꿈 버튼 하나를 들고 퀴즈를 낸다.

• 천연효모를 살려 '진짜 빵'을 만드는 제빵사가 되고 싶은 친구는 누구일까?

③ 다른 꿈 버튼을 들고 내용을 읽어 준다.

• 방금 전의 꿈 버튼 주인공에게 먼저 답을 할 수 있는 기회를 준다.

• 거의 모든 학생의 버튼을 읽고 맞힐 수 있어요. 시간이 부족하면 친구의 꿈 퀴즈는 10명 정도만 하고, 나머지는 교사가 읽어 줘도 될 것 같아요.
• 완성된 꿈 버튼은 교실이나 복도에 게시해요.

① 꿈 버튼을 만들면서 느낀 점이나 소감이 있다면 2~3명 정도 발표하도록 한다.

② 다음 수업 시간에 배울 내용을 간략히 소개하고 필요한 준비물이 있으면 안내한다.

나의 꿈 버튼 예시

26

바람직한 직업윤리

직업윤리란 직업인이 직업생활을 하면서 당연히 지켜야 할 행동 규칙과 도덕적 기준을 말합니다. 자신이 희망하는 직업에서 특별히 요구되는 직업윤리를 잘 이해하고, 올바른 직업윤리를 갖추도록 노력하는 것은 매우 중요합니다. 이번 활동에서는 직업별 직업윤리와 나의 관심 직업 윤리강령 만들기를 통해 직업윤리에 대해 생각해 보겠습니다.

준비물 활동지, 색연필, 사인펜 등

▶ 영상을 보고 설리 기장에게서 배울 수 있는 직업윤리를 적어 보자.

> **제목** 허드슨 강의 기적
>
> **내용** 비행 중 비상 상황에 직면한 주인공이 대처한 상황을 통해 직업윤리에 대해 생각해 본다.
>
> **출처** https://www.youtube.com/watch?v=YDgPeFlESmA (09:14)
>
> ⏸ ▶❙ 🔊 ▬▬▬▬▬▬▬▬▬▬▬▬▬▬▬▬▬▬▬▬▬▬▬▬▬▬▬ HD ⛶

---

1 직업윤리 써클맵 그리기

• 큰 원의 가장자리 안쪽에 자신의 희망 직업이나 관심 직업을 8~10개 정도 적는다.

　예 판사, 의사, 음악가, 건축가, 상담가, 기업인, 공무원, 식품제조업자, 버스기사, 기자 등

• 직업별로 어떤 직업윤리가 필요한지 원 밖에 화살표로 연결하여 적는다(해야 할 일, 해서는 안 될 일 등).

　예 공무원: 업무의 비밀을 말하지 않고, 예산을 낭비하지 않는다. 시민들에게 친절해야 한다.

• 직업을 표현할 수 있는 캐릭터나 이미지를 그리고 색칠해 보자.

직업윤리

2 직업윤리 생각해 보기

- 영상을 보고 직업인으로서 가져야 할 가장 중요한 직업윤리라고 생각하는 것에 체크해 보자.

> ○ **제목**: 히포크라테스의 선서
> ○ **내용**: 히포크라테스 선서를 통해 의사의 직업윤리에 대해 알아본다.
> ○ **출처**: https://www.youtube.com/watch?v=M2miCRnwdNl(01:33)

- ☐ 성실성　☐ 공정성　☐ 친절성　☐ 청렴성　☐ 협력성　☐ 공익성
- ☐ 책임성　☐ 전문성　☐ 봉사성　☐ 근면성　☐ 소명의식*　☐ 기밀 보장

*__소명의식__: 부여된 어떤 명령을 꼭 수행해야 한다는 책임 있는 의식

3 나의 관심 직업 윤리 강령 만들기

- 의사의 윤리 강령*에 대해 알아본다.

*__윤리 강령__: 어떤 집단에서 내세우는 윤리적인 행동 규범

의사의 윤리 강령

1. 의사는 인간의 존엄과 가치를 존중하며, 의료를 적정하고 공정하게 시행하여 인류의 건강을 보호 증진함에 헌신한다.
2. 의사는 의학적으로 인정된 지식과 기술을 기반으로 전문가적 양심에 따라 진료를 하며, 품위와 명예를 유지한다.
3. 의사는 새로운 의학 지식·기술의 습득과 전문 직업성 함양에 노력하며, 공중 보건의 개선과 발전에 이바지한다.
4. 의사는 환자와 서로 신뢰하고 존중하는 관계를 유지하며, 환자의 최선의 이익과 사생활을 보호하고, 환자의 인격과 자기 결정권을 존중한다.
5. 의사는 환자의 알 권리를 존중하며, 직무상 알게 된 환자의 비밀과 개인 정보를 보호한다.

(이하 생략)

출처 대한의사협회(http://www.kma.org)

- 나의 관심 직업에 요구되는 직업윤리의 핵심 사항을 정리하여 윤리 강령으로 나타내 보자.

_____ 의 윤리 강령

나는 다음 윤리 강령을 나의 가치 판단과 행동 양식의 기준으로 삼아 이를 직업생활에서 적극 실천할 것을 다짐한다.

1. 나는 _____

2. 나는 _____

3. 나는 _____

수업 진행 레시피

도입 10분

1. 활동지를 나누어 주고 영상을 시청한다.

영상 소개

> 2009년 1월, 미국 뉴욕에서 비행기가 비상착수를 시도하는 사고가 발생하였다. 승객과 승무원 155명이 탑승한 비행기가 이륙한지 얼마 되지 않아 새떼와 부딪혀 양쪽 엔진이 꺼지면서 허드슨강에 비상착수를 시도한 것이다. 생존 확률이 희박한 이런 시도는 기적 같은 결과를 낳았다. 비상착수 과정이나 구조 과정에서 단 한 명의 사망자 없이 탑승객 전원이 무사히 구조되었다. 설리 기장은 승무원과 승객이 모두 구조될 때까지 비행기에 남아서 구조 과정을 마지막까지 확인하였다. 훗날 이 사고는 '허드슨강의 기적'으로 불리게 됐다. 사고 비행기가 이륙해서 비상착수할 때까지 걸린 시간은 3분 28초, 탑승객 전원이 구조되는 데 걸린 시간은 24분에 불과했다.

2. 주인공에게 찾아볼 수 있는 직업윤리와 느낀 점을 쓰고 발표한다.

- 기장으로서 승무원과 승객의 안전을 최우선으로 여겼고, 마지막까지 자신의 역할을 다했다.
- 위험한 순간에서 아무나 할 수 있는 행동이 아니었으며, 자신의 직업윤리에 투철한 사람이었다.

전개 30분

step 1 직업윤리 써클맵 그리기

1. 큰 원의 가장자리 안쪽에 직업을 8~10개 정도 적는다.
2. 직업별로 어떤 직업윤리가 필요한지 원 밖에 화살표를 하여 적는다.
3. 직업을 표현할 수 있는 캐릭터나 이미지를 그리고, 색칠한다.
4. 20분 정도의 시간을 주고 15분쯤 되었을 때 발표한다.
   - 한 사람당 1~2개 정도의 직업윤리를 발표한다.
   - 아직 작성하지 못한 학생들은 다른 학생들의 발표 내용을 참고하여 작성하도록 지도한다.

- 직업별 윤리는 특정한 직업에 종사하는 사람이 가져야 할 행동 기준으로서, 해당 직업에 종사하는 사람에게 요구되는 사회적 규범을 의미합니다.
- 직업윤리를 읽어 주고 맞춰 보게 하는 퀴즈 형식으로 진행할 수도 있어요.
- 미술 시간이 아니기 때문에 그림이나 이미지는 간단히 그리거나 생략해도 괜찮아요.

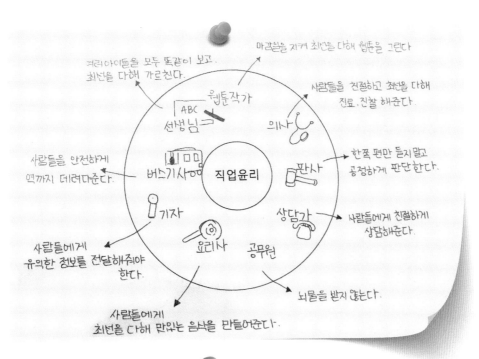

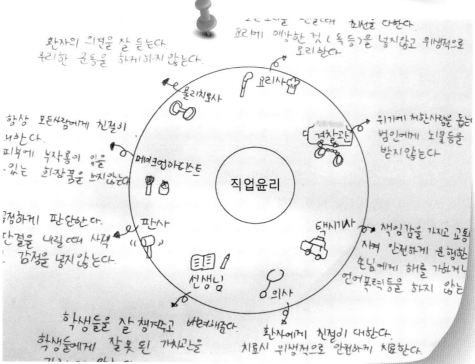

- 직업윤리라고 하면 좀 추상적일 수 있으므로 그 직업인으로서 해야 할 일과 해서는 안 되는 일을 적도록 하면 쉽게 적을 수 있어요.
- 헤야 할 일은 파란색으로, 해서는 안 되는 일은 빨간색으로 적어도 좋아요.

step 2 직업윤리 생각해 보기

❶ 직업윤리란 무엇인지 생각하면서 영상을 시청하도록 안내한다.

영상 소개

히포크라테스(Hippocrates, BC 460~377)는 '의학의 아버지' 혹은 '의성(醫聖)'이라고 불리는 고대 그리스의 의사로, 히포크라테스 선서는 히포크라테스가 말한 의료의 윤리적 지침으로, 현대의 의사들이 의사가 될 때 하는 선서로 잘 알려져 있다. 히포크라테스 선서를 통해 의사로서 필요한 직업 윤리에 대해 생각해 본다.

❷ 직업인으로서 가져야 할 가장 중요한 자세를 세 가지 골라서 체크한다.

☐ 성실성	☑ 공정성	☐ 친절성	☐ 청렴성	☐ 협력성	☐ 공익성
☑ 책임성	☐ 전문성	☑ 봉사성	☑ 근면성	☐ 소명의식	☐ 기밀 보장

❸ 2~3명 정도 발표한다.

❹ 직업윤리는 직업인의 일반적 윤리와 직업별 윤리를 모두 포함하는데, 일반적 윤리란 책임감, 성실성, 정직 등과 같이 모든 직업에서 공통적으로 요구되는 행동 규범이라는 것을 설명한다.

직업별 윤리는 192쪽 TIP참조.

step 3 나의 관심 직업 윤리 강령 만들기

❶ 윤리 강령이란 무엇인지 설명한다.

❷ 의사의 윤리 강령에 대해 알아본다.

❸ 미래에 희망하는 직업이나 관심 있는 직업을 쓴다.

❹ 미래에 내가 그 직업에 종사한다고 생각하고, 그 직업에 반드시 필요하거나 요구되는 윤리 강령 3가지를 적는다.

윤리 강령이란 어떤 조직이나 단체에서 내세우는 윤리적인 행동 규범을 말합니다.

❺ 2~3명 정도 발표한다.

프로그래머 의 윤리 강령

나는 다음 윤리 강령을 나의 가치 판단과 행동 양식의 기준으로 삼아 이를 직업생활에서 적극 실천할 것을 다짐한다.

1. 나는 언제나 사람들에게 행복을 주는 프로그램을 개발한다.

2. 나는 나의 지식을 사용하여 절대로 반사회적 행동을 하지 않는다.

3. 나는 사람들의 의견을 항상 귀 기울여 듣는다.

심리 상담사 **의 윤리 강령**

나는 다음 윤리 강령을 나의 가치 판단과 행동 양식의 기준으로 삼아 이를 직업생활에서 적극 실천할 것을 다짐한다.

1. 나는 나의 생각만이 아니라 타인의 생각과 감정을 고려한다.

2. 나는 여러 번 생각을 거친 후에 말한다.

3. 나는 상담 받으러 온 사람을 위해 같이 고민해 주고 위로한다.

웹툰 작가 **의 윤리 강령**

나는 다음 윤리 강령을 나의 가치 판단과 행동 양식의 기준으로 삼아 이를 직업생활에서 적극 실천할 것을 다짐한다.

1. 나는 마감일을 지키며 최선을 다할 것이다.

2. 나는 그림을 그릴 때 정당한 금액을 받고 그림을 그릴 것이다.

3. 나는 누구나 작품을 보고 미소지을 수 있는 그림을 그릴 것이다.

정리 **5** 분

① 직업윤리에는 모든 직업인에게 요구되는 소명의식, 책임의식, 전문가 정신, 봉사정신과 같은 일반적 윤리와 특정 직업에 요구되는 직업별 윤리가 있다는 것을 설명한다.

② 다음 수업 시간에 배울 내용을 간략히 소개하고, 필요한 준비물이 있으면 안내한다.

MEMO

27

직업에 대한 편견과 고정 관념

편견이란 한쪽으로 치우친 생각이며, 고정 관념이란 잘 변하지 않는 생각이나 믿음을 말합니다. 편견이나 고정 관념은 직업 선택의 폭을 제한하고 잘못된 판단으로 올바른 직업 선택의 걸림돌이 될 수 있습니다. 이번 활동에서는 내가 가지고 있는 편견이나 고정관념을 찾아보고, 그것이 왜 문제가 되는지 생각해 보겠습니다. 또한 편견과 고정 관념을 극복한 사례를 통해 나의 관심 직업에 대한 편견과 고정 관념을 어떻게 극복할 것인지 알아보겠습니다.

준비물 활동지, 고정 관념 카드(B4 코팅하거나 투명케이스에 넣어서) 15장, 다양한 색깔의 붙임쪽지(1인당 3장) 등

> ▶ 영상을 보고 주인공은 자신에 대한 편견과 고정 관념을 어떻게 극복했는지 적어 보자.

> **제목** 나는 나를 증명했습니다.
>
> **내용** 미스티 코플랜드는 키가 작고, 체격은 커서 발레리나로서 좋은 조건은 아니었지만, 이를 극복하고 아메리칸 발레 시어터 최초의 흑인 수석 무용수가 되었다.
>
> **출처** https://blog.naver.com/siginjh/220655941497 (05:23)
>
> ⏸ ⏭ 🔊 ▬▬▬▬▬▬ HD ⤢

---

1 직업에 대한 나의 편견과 고정 관념 알아보기

- 직업과 관련된 편견과 고정 관념을 읽고, 그렇다고 생각하면 ○, 아니라고 생각하면 ×를 표시해 보자.
- 편견과 고정 관념 중에서 가장 문제가 된다고 생각하는 것을 3순위까지 매기고, 3순위까지에 대한 나의 생각이 문제가 되는 이유를 각각 붙임쪽지에 적어서 칠판에 붙여 보자.
- 우리 반 친구들은 무엇이 가장 문제라고 생각하고 있는지 순위를 적어 보자(1~5순위).

직업과 관련된 편견과 고정 관념	나의 생각 (○, ×)	순위	우리 반 순위
1. 한 번 정한 진로는 바꾸면 안 된다.			
2. 부모님이 원하는 직업을 선택하는 것이 좋다.			
3. 편하고 안정적인 직업이 최고다.			
4. 명문대학을 졸업해야 좋은 직업과 성공을 보장한다.			
5. 돈을 많이 벌 수 있는 직업이 최고다.			
6. 대기업에 취직해야만 근사한 직업인이 될 수 있다.			
7. 유망 직업이나 인기 직업을 가져야 한다.			
8. 남자와 여자가 할 일은 따로 정해져 있다.			
9. 지금 인기 있는 직업이 앞으로도 유망한 직업이다.			
10. 외모가 멋져야 좋은 직장에 취업할 수 있다.			
11. 학연, 지연, 혈연이 있어야 성공할 수 있다.			
12. 외국인 노동자들은 *3D 직종에서만 일해야 한다.			
13. 장애인에게 알맞은 직업은 따로 있다.			
14. 사회적 지위와 명예가 높은 직업이 좋은 직업이다.			
15. 고등학교만 졸업하면 좋은 직업을 가질 수 없다.			

*3D 직종: 더럽고(Dirty), 위험하고(Dangerous), 어려운(Difficult) 분야의 일을 말함.

2 편견과 고정 관념의 극복 사례 알아보기

• 영상을 시청하고 영상의 등장한 인물들이 편견과 고정 관념을 극복할 수 있었던 방법을 적어 보자.

> ○ **제목**: 장애 인식 개선 영상 캠페인
>
> ○ **내용**: 장애인은 비장애인과 다르다는 편견과 차별은 틀렸다는 것을 이야기한다.
>
> ○ **출처**: https://youtu.be/_QGixW-4C8E(03:33)

> ○ **제목**: 남자 정글 속 편견에 맞선 세 여성
>
> ○ **내용**: 여성은 여성다워야 한다는 편견에 맞서 자신의 분야를 개척한 여성들을 소개한다.
>
> ○ **출처**: https://youtu.be/QSK_8VEnAmw(03:49)

---

3 편견과 고정 관념 극복하기

• 나의 꿈이나 희망하는 직업을 적고, 그것에 대한 사회적 편견이나 고정 관념을 적어 보자.

나의 꿈이나 희망하는 직업 분야	
내가 되고 싶은 분야에 대한 사회적 편견과 고정 관념	

• 그 직업에 대한 편견이나 고정 관념을 극복하기 위해 노력할 점을 적어 보자.

나는 이러한 편견과 고정 관념을 극복하고 성공한 직업인이 되기 위해

_____ 할 것이다.

수업 진행 레시피

도입 10 분

❶ 편견이나 고정 관념의 의미를 생각하면서 영상을 시청하도록 안내한다.

영상 소개

미스티 코플랜드는 발레에 흥미를 보여 후견인의 도움으로 열 세 살에 발레를 시작하게 된다. 그녀의 키는 작았고, 체격은 커서 발레리나로서 좋은 신체 조건은 아니었다. 그러나 미스티 코플랜드는 발레를 시작하고 지독한 연습 끝에 한 달 만에 발끝으로 서는 데 성공하였고, 이후 발레를 체계적으로 배우기 위해 발레 아카데미 입학에 도전하였지만 흑인이란 이유로 불합격하게 된다. 하지만 그녀는 포기하지 않고 도전하였고, 발레를 시작한지 2년 만에 각종 대회에서 수상하게 되었고, 열 일곱 살에 미국을 대표하는 아메리칸 발레 시어터 입단하게 되었다. 그리고 그녀는 인종 차별이라는 벽을 넘어 아메리칸 발레 시어터 75년 역사상 최초의 흑인 수석 무용수가 되었다.

❷ 미스티 코플랜드에 대한 편견과 고정 관념이 무엇이었는지 생각해 보도록 한다.

❸ 미스티 코플랜드는 주변의 편견과 고정 관념을 어떻게 극복했는지 적는다.

• 미스티 코플랜드는 발레를 시작한 지 한 달 만에 발끝으로 서는 동작을 성공하였고, 끊임없는 노력으로 각종 발레 대회에서 입상을 하였다. 17세에 미국을 대표하는 아메리칸 발레 시어터에 입단하였으며, 이후 오로지 실력으로 인종 차별의 벽을 극복하고 아메리칸 발레 시어터 최초의 흑인 무용수가 되었다.

❹ 이번 시간에는 직업에 대한 편견과 고정 관념을 극복하고 성공한 사람의 사례를 통해 나는 어떻게 편견과 고정 관념을 극복할 것인지 생각해 보는 시간이 될 것이라고 설명한다.

전개 30 분

step 1 직업과 대한 나의 편견과 고정 관념 알아보기

❶ 직업과 관련된 편견과 고정 관념을 읽고, 그렇다고 생각하면 ○, 아니라고 생각하면 ×를 표시하고, ○가 몇 개인지 아래 여백에 적는다.

❷ 15개의 편견과 고정 관념 중에서 사회적으로 가장 문제가 된다고 생각하는 것의 순위를 1~3순위까지 매긴다.

○가 5개 이상인 사람에게 손을 들어 보게 하고, 어떤 편견이 있는지 말해 보도록 합니다.

❸ 1~3순위의 편견이나 고정 관념에 대한 나의 생각이 문제가 되는 이유를 붙임쪽지 3장에 적고 칠판에 붙인다.

6	13	15
대기업에 취직하지 않아도 얼마든지 근사한 직업인이 될 수 있고, 대기업에 들어가더라도 만족스런 일을 못 할 수도 있다.	장애인도 우리와 같이 직업을 선택하고 자유롭게 본인이 하고 싶은 일을 충분히 할 수 있다고 생각한다.	고등학교만 졸업하더라도 원하고 잘하는 일을 찾아 얼마든지 직업을 가질 수 있다고 생각한다.

❹ 학생들이 붙임쪽지에 이유를 적는 동안 교사는 칠판에 코팅한 고정 관념 카드 15장을 칠판용 자석을 이용하여 부착하거나, 투명 케이스에 넣은 고정 관념 카드를 칠판에 부착한다.

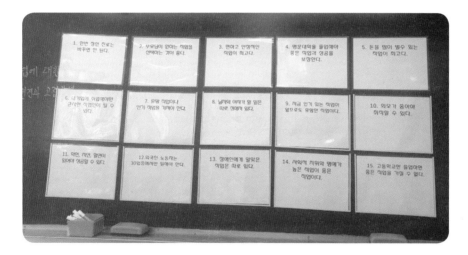

❺ 붙임쪽지를 모두 작성한 학생은 코팅된 편견과 고정 관념 카드 위에 붙임쪽지를 붙인다.

⑥ 학생들이 모두 칠판에 부착했으면 우리 반 친구들은 무엇이 가장 문제라고 생각하고 있는지 알아본다.
- 활동지에 우리 반 1~5까지의 순위를 함께 적어 본다.

⑦ 직업에 대한 편견과 고정 관념이 왜 문제라고 생각하는지 학생들이 쓴 붙임쪽지를 2~3개 떼어서 읽어 보고, 1명 정도 발표하도록 한다.

⑧ 개인적으로 칠판에 붙였던 붙임쪽지는 칠판에서 떼어 자신의 활동지에 모두 붙일 수 있도록 안내한다.

step 2 편견과 고정 관념의 극복 사례 알아보기

① '장애 인식 개선 영상 캠페인' 영상을 시청한다.

영상 소개

시각장애 영어 교사, 청각장애 바리스타, 지적장애 피겨 선수, 지체장애 농구 선수 등과 일반인을 비교하는 영상을 보면서 장애인과 비장애인은 결코 겉모습만으로는 구분할 수 없다는 것을 이해하고, 장애인에 대한 편견이나 고정 관념을 버려야 한다고 이야기한다.

② '남자 정글 속 편견에 맞선 세 여성' 영상을 시청한다.

영상 소개

우리나라 유일의 여성 축구 국제심판, 국공립 오케스트라 첫 여성 지휘자, 국가 공인 첫 여성 용접 기능장의 사연을 통해 이들이 남자들만의 영역이라고 여겼던 분야에 어떻게 도전하여 성공했는지 소개한다.

③ 학생들이 영상을 시청하는 동안 간단히 영상에 대해 설명한다.

④ 별도의 시간을 주지 말고 영상을 보면서 적도록 한다.
- 장애인이라서 할 수 없다는 생각은 하지 않고, 비장애인과 똑같이 할 수 있다는 자신감과 끊임 없는 노력으로 자신의 분야에서 성공할 수 있었다.
- 직업에 대한 편견이나 고정 관념을 갖지 않고 오로지 할 수 있다는 신념으로 끝까지 도전하였다.

⑤ 영상 시청이 끝나면 1분 정도 시간을 주고 정리하도록 한다.

step 3 편견과 고정 관념 극복하기

① 나의 꿈이나 희망하는 직업을 적고, 그것에 대한 사회적 편견이나 고정 관념을 1~2가지 정도 적는다.

나의 꿈이나 희망하는 직업 분야	음악(피아니스트)
내가 되고 싶은 분야에 대한 사회적 편견과 고정 관념	• 음악적인 감각은 선천적으로 타고 나야 한다. • 피아노를 잘 치려면 손가락이 길고 가늘어야 한다.

② 그 직업에 대한 편견이나 고정 관념을 극복하기 위해 노력할 점을 적어 보자.

나는 이러한 편견과 고정 관념을 극복하고 성공한 직업인이 되기 위해

<u>매일 피아노 치는 연습을 하고 악보를 보는 방법도 공부</u> 할 것이다.

정리 5분

① 시청한 영상의 주인공 중에서 가장 인상 깊었던 인물에 대해 2~3명 정도 발표한다.
② 다음 수업 시간에 배울 내용을 간략히 소개하고, 필요한 준비물이 있으면 안내한다.

MEMO

28

고등학교의 유형과 특성

고등학교 진학은 어떤 유형의 고등학교를 선택하느냐에 따라 대학 진학과 취업 등 자신의 진로에 중요한 영향을 미친다는 점에서 신중하고 합리적인 결정이 필요하고, 그러기 위해서는 우선 중학교 시기에 고등학교의 유형과 종류를 알고 이해하는 것이 중요합니다. 이번 활동에서는 고등학교의 유형과 종류를 알아보고, 자신에게 알맞은 고등학교의 유형을 생각해 봅니다. 또한 내가 살고 있는 지역에서 진학할 수 있는 고등학교를 유형별로 알아보겠습니다.

준비물   활동지, 색연필, 고등학교 유형 PPT 등

▶ 영상을 보고 내가 관심 있는 고등학교의 종류와 이유를 적어 보자.

> **제목** 고등학교 유형 총정리
>
> **내용** 우리나라 고등학교의 유형과 종류에는 어떤 것이 있는지 설명한다.
>
> **출처** https://www.youtube.com/watch?v=nE71B7vlmWQ&feature=youtu.be (05:53)
>
> ⏸ ⏭ 🔊 ▬▬▬▬▬ HD [+]

관심 있는 고등학교 종류	
이유	

1 고등학교 유형 및 종류 알아보기

• 고등학교의 유형 및 종류를 잘 알고 있으면 ○, 보통이면 △, 잘 모르면 ×를 해 보자.

유형	종류		
일반고 (　　)	• 일반고 (　　)		
특목고 (　　)	• 외국어고 (　　)	• 예술고 (　　)	• 과학고 (　　)
	• 마이스터고 (　　)	• 체육고 (　　)	• 국제고 (　　)
특성화고 (　　)	• 직업 특성화고 (　　)	• 체험 특성화고 (　　)	
자율고 (　　)	• 자율형 공립고 (　　)	• 자율형 사립고 (　　)	
기타 (　　)	• 영재학교 (　　)	• 외국인학교 (　　)	• 방송통신고등학교 (　　)

• 빙고판에 1~16까지의 숫자를 쓰고, 고등학교 유형 PPT를 보면서, 'ㄱ'자 빙고 게임을 해 보자.

2 나에게 알맞은 고등학교 유형 알아보기

• 다음 항목 중 내가 가능성이 있거나 중요하다고 생각하는 것에 ★표 하고, 합계와 순위를 적어 보자.

항목 유형	입학 가능성	사회적 평판	대학 진학	부모님 기대감	흥미 (적성)	학업 성적	가정 환경	합계	순위
일반고									
특성화고									
특목고									
자율고									

3 내가 사는 지역의 고등학교와 진학하고 싶은 고등학교 알아보기

• 내가 살고 있는 지역에는 어떤 고등학교가 있는지 알아보자.

학교 유형		학교 이름
일반고등학교		
특수 목적 고등학교	과학고등학교	
	외국어고등학교	
	국제고등학교	
	예술고등학교	
	체육고등학교	
	마이스터고등학교	
특성화 고등학교	직업 특성화고등학교	
	체험 특성화고등학교	
자율 고등학교	자율형 공립고등학교	
	자율형 사립고등학교	

• 내가 진학하고 싶은 고등학교와 그 이유를 정리해 보자.

순위	학교	유형	진학하고 싶은 이유
1			
2			
3			

 도입 **10**분

① 자신이 관심을 가지고 있는 고등학교의 유형과 종류를 생각하면서 영상을 시청하도록 안내한다.

영상 소개

고등학교는 다양한 유형의 학교가 있어 자신의 흥미와 적성에 맞게 진학하여 공부할 수 있다. 고등학교의 유형은 일반 고등학교, 특수 목적 고등학교, 특성화 고등학교, 자율 고등학교, 기타 고등학교 등으로 구분된다. 고등학교 진학은 어떤 유형의 학교를 선택하느냐에 따라 진학과 취업 등 자신의 진로와 관련이 있기 때문에 매우 중요한 선택이라고 할 수 있다.

② 영상 시청 후 자신이 관심 있는 고등학교의 종류와 이유를 적는다.

관심 있는 고등학교 종류	과학고등학교
이유	지구 온난화, 대기 오염 등 환경 문제를 해결하기 위해 환경 공학자가 되려면 과학 고등학교에 진학하는 것이 유리하기 때문이다.

• 왼쪽 유형부터 함께 읽어 가 며 표시하도록 합니다.
• 자율고, 외국어고, 국제고는 2025년까지 순차적으로 일 반고로 전환될 예정이라고 설명해 줍니다.

step 1 고등학교 유형 및 종류 알아보기

❶ 고등학교 유형 및 종류를 잘 알고 있으면 ○, 보통이면 △, 잘 모르면 ×를 한다.

유형	종류		
일반고 (○)	• 일반고 (○)		
특목고 (○)	• 외국어고 (○) • 마이스터고 (△)	• 예술고 (△) • 체육고 (○)	• 과학고 (○) • 국제고 (△)
특성화고 (△)	• 직업 특성화고 (△)	• 체험 특성화고 (△)	
자율고 (○)	• 자율형 공립고 (○)	• 자율형 사립고 (○)	
기타 (×)	• 영재학교 (×)	• 외국인학교 (×)	• 방송통신고등학교 (×)

❷ ㄱ자 빙고 게임을 한다.
- 활동지의 빙고판에 1~16까지의 숫자를 자신이 쓰고 싶은 대로 자유롭게 적는다.
- 음영이 있는 곳과 없는 곳 상관 없이 16칸 모든 곳에 숫자를 적는다.

• 새까맣게 지우지 말고 형광펜 이나 색펜으로 동그라미나 하 트, 꽃으로 표시하도록 해요.
• 교사도 칠판에 함께 하면 좋 아요.

❸ 숫자를 모두 적었으면 빙고 게임을 시작한다.
- 고등학교 유형 PPT를 이용하여 퀴즈를 낸다.

❹ 답을 맞춘 학생이 자신에게 유리한 숫자를 고르도록 한다.
- 이때 선택된 숫자는 모든 학생이 자신의 빙고판에 표시한다.

❺ 퀴즈를 맞출 때마다 불려진 숫자를 하나씩 표시한다.

❻ 학생이나 교사 중에 음영이 되어 있는 ㄱ자 모양의 빙고가 완성되면 빙고를 외친다.

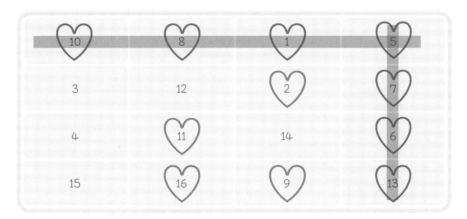

step 2 나에게 알맞은 고등학교 유형 알아보기

❶ 다음 7개의 항목에 따라 나에게 맞는 유형의 고등학교를 점검한다.

❷ 항목에 따른 가능성을 ★로 표시하고 합계와 순위를 기록한다.

TIP
• 일반고를 예를 들어 함께 표시해 봅니다.
• 점검이 끝나면 학교 유형별로 1순위를 손들어 보게 합니다.

항목 / 유형	입학 가능성	사회적 평판	대학 진학	부모님 기대감	흥미 (적성)	학업 성적	가정 환경	합계	순위
일반고	★					★	★	3	4
특성화고	★				★	★	★	4	3
특목고	★	★	★	★		★	★	6	1
자율고	★	★			★	★	★	5	2

step 3 내가 사는 지역의 고등학교와 진학하고 싶은 고등학교 알아보기

❶ 첨부하는 유형별 지역 고등학교 자료를 이용하여 유형에 알맞은 학교 이름을 적는다.

❷ 내가 진학을 희망하는 학교를 생각해 보고, 그 학교의 유형과 진학하고 싶은 이유를 적고, 2~3명 정도 발표하도록 한다.

TIP
• 학교 이름이 나올 때 그 학교에 대해 간단하게 설명을 해요.
• 학교 홈페이지, 학교 설명회, 학교 홍보지 등을 통해 관심 있는 고등학교의 정보를 탐색할 수 있어요.

순위	학교	유형	진학하고 싶은 이유
1	○○외고	특목고	외국어 고등학교에 진학하면 내가 원하는 외국어에 대해 더 많이 공부할 수 있기 때문이다.
2	□□고	일반고	과학 중점 학교로 지정되어 있어 내가 관심 있는 과학 분야에 대해 다양한 경험을 할 수 있기 때문이다.
3	△△고	특성화고	취업 준비를 체계적으로 할 수 있기 때문이다.

정리 5분

❶ 고등학교의 4가지 유형과 그에 따른 다양한 고등학교 종류에 대해 간단히 정리한다.

❷ 고등학교의 정보를 얻을 수 있는 사이트를 안내한다.

• 고입정보포털(http://www.hischool.go.kr)
• 학교 알리미(http://www.schoolinfo.go.kr)
• 특성화고 · 마이스터고 포털 하이파이브(http://www.hifive.go.kr)

❷ 고등학교 입학 전형에는 어떤 것이 있는지 조사해 오도록 안내한다.

29

고등학교의 입학 전형

내가 원하는 고등학교에 진학하기 위해서는 고등학교에 대한 정보와 함께 입학 전형을 알고, 미리 준비하는 자세가 필요합니다. 고등학교의 입학 전형은 크게 일반 전형과 자기 주도 학습 전형이 있습니다. 이번 활동에서는 일반계 고등학교에 해당하는 일반 전형의 내신 성적 반영 비율 및 점수를 알아보겠습니다. 또한 외국어고, 국제고, 자사고 등의 입학 전형에 해당하는 자기주도 학습 전형에 대해서도 알아보겠습니다.

준비물 활동지, 사인펜이나 색연필 등

▶ 영상을 시청하고 자신이 생각하는 고등학교 선택 기준에 대해 적어 보자.

제목	달라진 대입, 중3 선택은?
내용	입학 전형의 변화에 따라 어떤 기준으로 진학의 결정을 내리는 것이 좋은지 알아본다.
출처	https://www.youtube.com/watch?v=w2hbZKxc5l4&feature=youtu.be (02:17)

❚▶❘ ◀))━━━━━━━━━━   HD [+]

---

1 학생부 전형 알아보기(일반고, 특성화고 일반 전형, 평준화 지역의 자율형 공립고)

• 각각의 항목을 조사하여 빈칸을 채워 보자.

구분	교과 활동(75%)	비교과 활동(25%)			총점
		출결 상황(10%)	봉사활동(10%)	학교활동(5%)	
반영 점수					200

■ **교과 활동:** 일반 교과는 과목별 성취도(A−B−C−D−E), 원점수, 과목 평균, 과목 표준편차를 기준으로 산출하고, 체육·예술 교과는 과목별 성취도(A−B−C)를 기준으로 산출함.

구분		일반 교과(60%)		체육·예술 교과 (15%)	총점
		2학년 (30%)	3학년(30%)	2, 3학년	
반영 점수	기본 점수	20	20	10	50
	만점				150

■ **출결:** 학년 단위로 출결 상황을 합산하여 결석일수를 산출하되, (   )으로 인한 결석만 포함하고 출석 인정 결석, 지각, 조퇴 결과는 결석 일수에 포함하지 않음.

결석일수	0	1	2	3	4	5	6
1학년		5.4	4.8	4.2	3.6	3.0	
2학년		6.3	5.6	4.9	4.2	3.5	
3학년		6.3	5.6	4.9	4.2	3.5	

■ **봉사활동**

시간	40시간 이상	39~35 시간	34~30 시간	29~25 시간	24~20 시간	19~15 시간	14~10 시간	9~5 시간	4시간 이하
점수		19	18	17	16	15	14	13	

■ **학교활동**

만점	기본 점수	수상 실적	자치회 임원활동
		• 수상(교내상) 1개당 ( )점 • 합산하여 ( )점을 초과할 수 없음. • 1학기에 ( )개만 인정	• 월 평정점 ( )점 • 합산하여 ( )점을 초과할 수 없음. • 반장, 부반장, 학생회장, 부회장 등

2 특성화고 진로 적성(취업 희망자) 특별 전형(학교에 따라 조금씩 다름)

• 각각의 항목을 조사하여 빈칸을 채워 보자.

■ 1차 전형(서류 전형, 모집 정원의 1.5배수 선발)

평가 요소	담임교사 추천서	출결 상황	봉사활동	교과 성적	총점
점수	참고 자료				100점

■ 2차 전형(면접 전형, 모집 정원 선발)

평가 요소	1차 전형	2차 전형				총점
		자기소개서	취업 희망서	면접	소계	
점수						200점

3 자기주도 학습 전형 알아보기(외국어고, 자사고, 국제고)

• 각각의 항목을 조사하여 빈칸을 채워 보자.

■ **1단계**: 영어 내신 성적(160점)+출결(감점)으로 정원의 1.5~2배수 선발

(1) 영어 내신 성적 산출 방식: 중 2, 3학년 4개 학기 영어 환산 점수의 합

2학년 1학기	2학년 2학기	3학년 1학기	3학년 2학기	총점
				160

(2) 성취 평가제 성취도 수준별 환산 방식

성취도 수준	A	B	C	D	E
학기당 환산 점수					

(3) 출결 상황 산출 방식: − (무단결석 일수 ×가중치)

(4) 동점자 선발 기준: 2, 3학년 국어, 사회 교과 성적

■ **2단계**: 1단계 성적(160점) + 면접(40점)으로 선발

(1) 면접 점수 산출 방식 : 자기주도 학습 영역(꿈과 끼 영역)+인성 영역

(2) 면접 내용

영역	내용
	자기주도 학습 과정(꿈과 끼를 살리기 위한 활동, 경험)
	지원 동기 및 진로 계획
	핵심 인성 요소에 대한 중학교 활동 실적
	인성 영역 활동을 통해 느낀점

(3) 핵심 인성 요소: 봉사 · 체험활동을 포함한 배려, 나눔, 협력, 타인 존중, 규칙 준수 등 학생의 인성을 타나낼 수 있는 다양한 요소를 의미함.

수업 진행 레시피

 도입 10분

❶ 자신이 생각하는 고등학교의 선택 기준을 생각하면서 영상을 시청하도록 안내한다.

👨‍🏫 영상 소개

대학 입시 제도가 달라지면서 고입 전형에도 영향을 끼치고 있다. 특히 대학 정시 비율이 확대되면서 자사고나 특목고에 대한 관심도 높아졌다고 한다. 그러나 변수가 많고 복잡한 대입 정책에 따라 고등학교를 선택하는 것은 위험한 결정이므로 자신의 성향이나 진로에 맞춰 고등학교를 선택해야 한다.

❷ 영상 시청 후 자신이 생각하는 고등학교의 선택 기준을 적도록 한다.

- 고등학교 선택은 대학 진학 여부에 따라 결정하는 것이 좋다.
- 고등학교 선택은 적성, 통학 거리, 성적 등을 종합적으로 고려하여 선택해야 한다.

❸ 지난 시간에 학습한 내용에 대해 질문을 해서 고등학교의 유형과 종류에 대해 간략하게 정리한다.

 TIP

- 성적이 높으면 일반계, 낮으면 전문계 진학이라기 보다는 자신의 꿈과 끼, 진로나 희망이 우선되어야 한다는 것을 설명합니다.
- 성적도 매우 중요한 요소임을 강조합니다.

 전개 30분

step 1 **학생부 전형 알아보기(일반고, 특성화고 일반 전형, 평준화 지역의 자율형 공립고)**

❶ 가장 많은 학생들이 진학하는 일반계고와 특성화고 일반 전형, 평준화 지역의 자율형 공립고에 해당하는 전형이다.

❷ 가능한 색깔펜(빨강이나 파랑색)으로 필기할 수 있도록 한다.

❸ 대입 전형을 간단하게 설명하고 고입 전형을 설명하면 더 좋다.

❹ 고입 영역별 내신 성적 반영 비율 및 점수에 대해 안내한다.

구분	교과 활동(75%)	비교과 활동(25%)			총점
		출결 상황(10%)	봉사활동(10%)	학교활동(5%)	
반영 점수	150점	20점	20점	10점	200

- 이 입학 전형은 경기도 내 일반고와 특성화고에 적용됩니다. 타 시도 학교는 이 전형과 다를 수 있으므로 적절하게 수정 보완해서 사용하시면 될 것 같습니다.
- 자유학년제 시행 학년의 교과 활동 상황 성적은 고입 전형을 위한 내신 성적에 반영되지 않습니다.
- 내신 성적 반영 시기는 비교과인 봉사활동, 학교활동, 출결 상황은 3학년 10월 말까지 반영되고, 교과 활동 상황은 특성화고는 3학년 2학기 1차 지필평가까지, 일반고는 3학년 2학기 학기말 성적까지 반영됩니다.

❺ 교과 활동의 점수를 산출에 대해 안내한다.

- 교과 활동: 일반 교과는 과목별 성취도(A−B−C−D−E), 원점수, 과목 평균, 과목 표준편차를 기준으로 산출하고, 체육·예술 교과는 과목별 성취도(A−B−C)를 기준으로 산출한다.

구분		일반 교과(60%)		체육·예술 교과 (15%)	총점
		2학년 (30%)	3학년(30%)	2, 3학년	
반영 점수	기본 점수	20	20	10	50
	만점	60	60	30	150

- 교과 성적 반영 비율이 75%로 가장 높은 비중을 차지하기 때문에 무엇보다 성적이 중요하다는 걸 강조합니다.
- 과목별 성취도는 A, B, C, D, E로 나타내지만 원점수, 과목평균, 과목 표준편차도 함께 반영하기 때문에 같은 A라도 90점 보다는 100점이 더 높은 내신 점수를 받을 수 있으므로 조금이라도 높은 점수를 받는 게 유리하다는 것을 설명해 줍니다.
- 예술 체육 교과는 성취도만으로 성적을 산출하기 때문에 A는 같은 내신 성적을 받습니다.

❻ 출결 점수 산출에 대해 안내한다.

- 출결: 학년 단위로 출결 상황을 합산하여 결석일수를 산출하되, (미인정)으로 인한 결석만 포함하고, 출석 인정, 결석, 지각, 조퇴, 결과는 결석 일수에 포함하지 않는다.

결석일수	0	1	2	3	4	5	6
1학년	6	5.4	4.8	4.2	3.6	3.0	2.4
2학년	7	6.3	5.6	4.9	4.2	3.5	2.8
3학년	7	6.3	5.6	4.9	4.2	3.5	2.8

- 미인정 지각, 조퇴, 결과는 학년 단위로 횟수를 합산한 결과에 따라 3회를 결석 1일로 계산하되, 학년 단위로 미인정 결석 일수를 산출합니다.→미인정 지각, 조퇴, 결과를 동일 학년 단위로 합산한 횟수가 0∼2회인 경우 미인정 결석 0 일, 3∼5회인 경우 미인정 결석 1일, 6∼8회인 경우 미인정 결석 2일 등과 같은 방식으로 학년 단위로 계산합니다.
  ※예시: 1학년 미인정 지각 1회와 미인정 조퇴 1회, 2학년 미인정 조퇴 5회인 경우 → 1학년 미인정 결석 0일, 2학년 미인정 결석 1일로 계산합니다.

⑦ 봉사활동의 점수 산출에 대해 안내한다.

시간	40시간 이상	39∼35 시간	34∼30 시간	29∼25 시간	24∼20 시간	19∼15 시간	14∼10 시간	9∼5 시간	4시간 이하
점수	20	19	18	17	16	15	14	13	12

- 봉사 인정 시간은 1일 8시간 이내입니다. 수업이 6교시인 경우 2시간 인정, 7교시인 경우 1시간 인정, 공휴일이나 방학 기간은 8시간 인정됩니다.
- 봉사활동 실적 연계사이트(1365자원봉사포털, VMS, DOVOL)를 이용하는 경우에는 계획서와 확인서를 학교에 제출하지 않아도 됩니다.
- 봉사활동 실적 연계 사이트를 이용하지 않는 경우에는 계획서와 확인서를 학교에 제출해야 합니다.

⑧ 학교활동 실적 반영에 대해 안내한다.

만점	기본 점수	수상 실적	자치회임원활동
10점	8점	• 수상(교내상) 1개당 (0.5)점 • 합산하여 (2)점을 초과할 수 없음. • 1학기에 (1)개만 인정	• 월 평정점 (0.1)점 • 합산하여 (2)점을 초과할 수 없음. • 반장, 부반장, 학생회장, 부회장 등

- 수상 실적은 각종 교내 대회상과 행동 발달 관련 표창장만을 반영합니다.
- 4인 이상의 단체 수상(공동 수상)은 수상 실적으로 인정하지 않습니다.
- 자치 임원활동 시작 후 월 15일 이상은 1개월로 인정하며, 동일 기간 동안 임원이 중복될 경우 한 가지만 반영합니다.

step2 특성화고 진로 적성(취업 희망자) 특별 전형(학교에 따라 조금씩 다름)

① 특성화고 전형은 추천입학제와 진로 적성 특별 전형으로 나누어진다.
- 추천입학제 전형은 내신 성적에 의한 선발과 내신 성적 및 적성 검사 병행 실시로 이루어진다.
- 진로 적성 특별 전형은 1차 서류 전형으로 모집 정원의 1.5배수 선발하고, 2차 면접 전형에서 1차 점수와 자기소개서, 취업희망서, 면접 점수를 합쳐 모집 정원을 선발한다.

② 이 전형은 학교에 따라 다를 수 있으므로 진학을 희망하는 학교의 홈페이지를 통해 입시 전형을 확인한 후 준비하도록 한다.

③ 1차 전형에 대해 안내한다.
- 1차 전형은 서류 전형으로 모집 정원의 1.5배수를 선발한다.

평가요소	담임교사 추천서	출결 상황	봉사활동	교과 성적	총점
점수	참고 자료	30	20	50	100점

- 출결 점수가 학생부 전형에 비해 상대적으로 높으므로 특성화고 진학 희망 학생은 출결에 유의해야 합니다.
- 교과 성적은 3학년 2학기 1차 지필평가까지 반영합니다.

④ 2차 전형에 대해 안내한다.

- 2차 전형은 면접 전형으로 모집 정원을 선발한다.

평가요소	1차 전형	2차 전형				총점
		자기소개서	취업 희망서	면접	소계	
점수	100	20	20	60	100	200점

- 학교에 따라 자기소개서나 취업희망서는 사전에 제출하지 않고 면접 장소에서 직접 작성하기 때문에 미리 어떻게 작성할 것인지 연습해 봐야 합니다.
- 자기소개서: 희망 분야 취업을 위한 계획이 근거 있고 구체적이며 진학 희망 고교의 교육 과정과 부합되며 실현 가능성이 매우 높다고 판단될 때 높은 점수를 받을 수 있습니다.
- 취업 희망서: 취업 희망 분야와 지원 이유가 분명하며 각종 자치활동, 특별 활동 등 교내 행사에 참여했던 경험이 지원 동기와 구체적으로 근거가 있으며 진실성이 있을 경우 높은 점수를 받을 수 있습니다.
- 면접: 복장이 단정하고, 질문의 의미를 명확하게 알고 있어야 합니다. 또한 정확한 발음으로 간단 명료하게 대답하며 본교 진학 후의 목표가 분명하고 뚜렷할 때 높은 점수를 받을 수 있습니다.

step 3 자기주도 학습 전형 알아보기(외국어고, 자사고, 국제고)

① 자기주도 학습 전형은 특목고, 국제고, 자사고, 과학고에 해당하는 입학 전형이다.

② 현재 자료는 외국어고 중심으로 만든 것이므로 자율고, 과학고에 대해서는 따로 간단히 설명한다(외국어고는 학과별로 학생을 선발한다).

1단계는 모집 정원의 1.5~2배수를 선발합니다.

③ 1단계와 2단계로 나누어 실시한다.

④ 1단계는 영어 내신 성적(160점) + 출결(감점)로 선발한다.

- 영어 내신 성적은 중학교 2, 3학년 4개 학기 영어 환산 점수의 합으로 산출한다.

2학년 1학기	2학년 2학기	3학년 1학기	3학년 2학기	총점
40	40	40	40	160

⑤ 성취 평가제 성취도 수준별 환산 방식을 안내한다.

성취도 수준	A	B	C	D	E
학기당 환산 점수	40	36	32	28	24

- 출결 상황 산출 방식: −(무단 결석 일수 × 가중치)
- 동점자 선발 기준: 2, 3학년 국어, 사회 교과 성적

- 90점 이상이면 성취도 A, 80점 이상이면 B가 적용됩니다.
- 1단계에서 동점자가 발생할 경우 국어와 사회 교과 성적을 다음과 같은 순으로 반영합니다.
  - 3학년 2학기 국어 → 3학년 2학기 사회 → 3학년 1학기 국어 → 3학년 1학기 사회 → 2학년 2학기 국어 → 2학년 2학기 사회 → 2학년 1학기 국어 → 2학년 1학기 사회
- 사회 과목을 이수하지 않은 경우, 역사 과목으로 대체합니다.

6 2단계는 1단계 성적(160점) + 면접(40점)으로 선발한다.

- 면접 점수 산출 방식: 자기주도 학습 영역(꿈과 끼 영역) + 인성 영역
- 면접 내용에 대해 안내한다.

영역	내용
자기주도 학습 영역 (꿈과 끼 영역)	자기주도 학습 과정(꿈과 끼를 살리기 위한 활동, 경험)
	지원 동기 및 진로 계획
인성 영역	핵심 인성 요소에 대한 중학교 활동 실적
	인성 영역 활동을 통해 느낀점

- 핵심 인성 요소: 봉사 · 체험활동을 포함한 배려, 나눔, 협력, 타인 존중, 규칙 준수 등 학생의 인성을 타나낼 수 있는 다양한 요소를 의미한다.

- 2단계 성적이 중요하므로 자기소개서에 들어갈 내용을 잘 알고 직접 써볼 수 있도록 합니다.
- 본인이 스스로 학습 계획을 세우고 학습해 온 과정과 그 과정에서 느꼈던 점, 학교 특성과 연계해 지원 학교에 관심을 가지게 된 동기, 고등학교 입학 후 자기주도적으로 본인의 꿈과 끼를 살리기 위한 활동 계획 및 고등학교 졸업 후 진로 계획 등을 포함합니다.
- 본인의 인성(배려, 나눔, 협력, 타인 존중, 규칙 준수 등)을 나타낼 수 있는 개인적 경험 및 이를 통해 배우고 느낀 점을 씁니다.
- 자기소개서의 내용 중에서 면접 문제를 골라 답변을 준비합니다.

1 고등학교를 선택할 때 고려해야 할 내용에 대해 설명한다.

- 자신의 특성과 꿈에 대해 인식 및 진로 선택이 우선이다.
- 고등학교에 대한 정확한 정보 파악이 필요하다. 해당 고등학교 홈페이지 탐색, 직접 방문 그리고 대학 진학까지의 진로를 고려하여 지원해야 한다.
- 고등학교 특성과 자신의 성향과의 관계 파악이 필요하다. 즉 경쟁적 분위기에서 실력을 발휘하는 성향인지, 편안한 분위기에서 충분히 인정 받을 때 실력을 발휘하는 성향인지 파악하는 것이 중요하다.

2 다음 수업 시간에 배울 내용을 간략히 소개하고, 필요한 준비물이 있으면 안내한다.

30

대학의 계열과 학과

　　대학에 진학할 때 전공할 계열과 학과를 정하는 것은 자신의 생애에서 중요한 의사 결정 중 하나입니다. 왜냐하면 전공 선택은 졸업 후 직업 선택과 밀접한 관련이 있기 때문입니다. 이번 활동에서는 학과 카드 퍼즐 놀이를 통해 대학의 다양한 학과에 대해서 알아보고, 대학의 계열 및 특징, 관련학과 등에 대해서 알아봅니다.

준비물 활동지, 학과 카드(개인별 또는 짝, 모둠끼리 1세트) 등

▶ 영상을 보기 전에 있는 학과로 생각하면 ○, 없는 학과라고 생각하면 ×를 하고 영상을 시청해 보자.

- 목탁제조학과 (　　) ■ 하회탈연구학과 (　　) ■ 보일러학과 (　　)
- 참치통조림학과 (　　) ■ 비빔밥유통학과 (　　) ■ 감귤포장학과 (　　)

제목	이색학과 대잔치
내용	대학의 다양한 이색학과라고 하는데, 진짜일까, 가짜일까?
출처	https://youtu.be/nE71B7vlmWQ (02:52)

⏸ ⏭ 🔊 ▬▬▬▬▬▬▬▬　　　　HD [＋]

1 대학의 계열 및 특징 알아보기

• 대학의 계열과 특징을 서로 연결해 보자.

 예체능
계열

 공학
계열

 사회
계열

 의약
계열

 인문
계열

 교육
계열

 자연
계열

- • 모든 학문의 기본이 되는 인문학을 교육하고 연구함.
  • 언어, 문학, 철학, 역사, 종교, 철학 등

- • 사회의 여러 가지 현상을 과학적이고 체계적으로 연구함.
  • 경영, 경제, 회계, 법학, 심리, 사회, 정치, 행정 등

- • 교육 분야에 종사할 교사, 교육 지도자, 교수 및 연구에 종사할 인재를 양성함.
  • 교육일반, 유아교육, 특수교육, 초등교육, 중등교육 등

- • 일상생활과 산업에 활용되는 기술을 개발하는 지도자와 이공계 고급 인력을 양성함.
  • 건축, 토목, 도시, 교통, 운송, 기계, 금속, 전기, 전자, 정밀, 에너지, 컴퓨터, 통신, 산업 등

- • 자연 현상의 기본적인 원리 탐구, 새로운 자연 법칙을 연구하는 자연과학이 바탕이 됨.
  • 농림, 수산, 생물, 화학, 환경, 생활과학, 수학, 물리, 천문, 지리 등

- • 인간의 신체 구조와 기능 및 질병의 예방과 치료에 대한 연구, 의약품에 관한 기초 및 응용과학을 다룸.
  • 의학, 한의학, 치의학, 간호, 약학, 치료, 보건 등

- • 전문 예술인, 체육인을 양성. 음악, 미술, 체육, 연극 영화 등의 영역이 포함됨.
  • 디자인, 응용예술, 무용, 체육, 미술, 조형, 연극, 영화, 음악 등

2 학과 카드 퍼즐 놀이

• 짝(모둠)과 함께 학과 카드를 참고해서 학과 퍼즐을 완성하고, 가장 관심 있는 학과 3개에 ★을 표시해 보자.

가로 열쇠

㉠ 여가의 중요성과 관심이 확대되면서 관광 산업 발전을 위한 전문 지식과 실무에 대해 배운다.

㉡ 다양한 종류의 지식과 정보를 사람들이 편리하게 검색하고 열람할 수 있도록 체계적으로 수집하고 관리하는 것을 배운다.

㉢ 무선, 컴퓨터 통신 등과 같이 정보를 전달하는 방법과 네트워크, 멀티미디어, 신호 처리 등에 대해서 배운다.

㉣ 의사가 갖추어야 할 생명윤리와 사람의 질병을 고치기 위한 방법을 연구하고 관련된 의료 지식 등을 배운다.

㉤ 흙, 나무, 금속 등을 이용하여 일상생활에 필요한 생활 도구를 만드는 지식과 기술을 배운다.

㉥ 반도체와 관련된 전기, 전자, 재료 등을 이해하고 다양한 산업에 응용할 수 있는 방법을 배운다.

㉦ 유아의 발달 과정을 이해하고, 연령별로 효과적으로 지도할 수 있는 방법을 배운다.

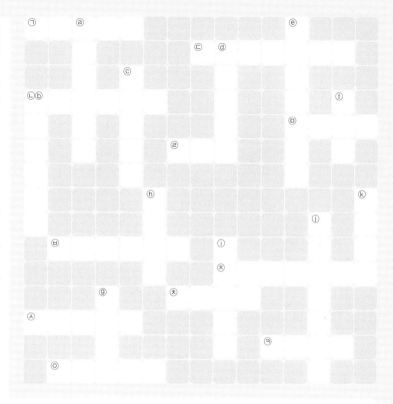

㉧ 생명체를 연구 대상으로 하여 질병 극복, 식량 문제, 환경 문제 등 인류가 가진 다양한 문제에 대한 해결 방법을 배운다.

㉨ 정보를 시각화하여 시각에 호소함으로써 실용적인 정보 전달을 목적으로 한 디자인을 연구하는 학문을 배운다.

㉩ 결손된 치아나 잇몸 조직의 형태와 기능을 회복하기 위한 치과 보철물 및 부정 교합의 예방과 치료를 위한 이론과 실기를 배운다.

㉪ 실제 현장에서 사용 가능한 경호 기술, 경호에 관한 다양한 이론, 무도 실기, 외국어, 컴퓨터 등 행정 기획 업무 등을 배운다.

세로 열쇠

ⓐ 올바른 사회 질서 확립을 위해 능력 있고 사명감이 투철한 경찰을 양성하고, 각종 범죄 현상의 원인과 대책에 대해 배운다.

ⓑ 문학 이론이나 시, 소설 등을 창작하는 능력을 키우고, 다양한 문학 작품 등을 출판·편집 및 디자인하는 방법 등을 배운다.

ⓒ 에너지, 생명, 환경과 같이 화학 물질과 관련된 다양한 분야와 화학 공학의 공정에 대한 분석력과 응용력을 배운다.

ⓓ 천연 보석과 인공 보석 간의 감별 및 감정 업무, 보석 및 귀금속의 디자인 등 보석 전문가가 되기 위한 내용을 배운다.

ⓔ 비행기, 헬리콥터, 우주발사체, 로켓 등을 만들고 운영하는 데 필요한 이론과 실제를 배운다.

ⓕ 정의와 평화를 실현하고 인간의 권리를 보장하기 위해 법률에 대한 전문적인 지식과 자질을 배운다.

ⓖ 건강, 운동, 여가를 포함한 인간의 행동을 연구하고, 스포츠 대중화와 스포츠 과학과 관련된 최신 이론을 배운다.

ⓗ 가축, 반려동물, 야생동물 등 수생 동물까지 모든 동물의 질병 예방과 치료 및 인류와 동물의 건강과 복지에 대해 배운다.

ⓘ 사람들이 안락하게 지낼 수 있는 도시를 계획하고, 도시 문제를 해결하며, 미래 도시를 설계하는 방법에 대해 배운다.

ⓙ 스페인어 사용 능력을 기우고 스페인어 문화권의 문화, 역사, 사회, 문학 등의 다양한 과목을 배운다.

ⓚ 인간의 마음과 행동을 과학적으로 공부하고 사회 문제를 해결하는 방법을 배운다.

수업 진행 레시피

도입 5분

① 영상을 시청하기 전에 아래의 6개의 이색학과가 있다고 생각하면 ○를, 없다고 생각하면 ×를 한다.

- 목탁제조학과 (×)
- 하회탈연구학과 (×)
- 보일러학과 (×)
- 참치통조림학과 (×)
- 비빔밥유통학과 (×)
- 감귤포장학과 (×)

② 영상을 시청하고, 6개 학과 모두 ×를 한 학생에게 보상을 준다.

전개 35분

step **1** 대학의 계열 및 특징 알아보기

① 대학의 계열과 특징을 찾아 서로 연결한다.

② 대학의 계열에 대해 간략히 설명한다.

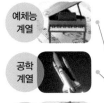
예체능 계열

공학 계열

사회 계열

의약 계열

인문 계열

교육 계열

자연 계열

- 모든 학문의 기본이 되는 인문학을 교육하고 연구함.
- 언어, 문학, 철학, 역사, 종교, 철학 등

- 사회의 여러 가지 현상을 과학적이고 체계적으로 연구함.
- 경영, 경제, 회계, 법학, 심리, 사회, 정치, 행정 등

- 교육 분야에 종사할 교사, 교육 지도자, 교수 및 연구에 종사할 인재를 양성함.
- 교육일반, 유아교육, 특수교육, 초등교육, 중등교육 등

- 일상생활과 산업에 활용되는 기술을 개발하는 지도자와 이공계 고급 인력을 양성함.
- 건축, 토목, 도시, 교통, 운송, 기계, 금속, 전기, 전자, 정밀, 에너지, 컴퓨터, 통신, 산업 등

- 자연 현상의 기본적인 원리 탐구, 새로운 자연 법칙을 연구하는 자연과학이 바탕이 됨.
- 농림, 수산, 생물, 화학, 환경, 생활과학, 수학, 물리, 천문, 지리 등

- 인간의 신체 구조와 기능 및 질병의 예방과 치료에 대한 연구, 의약품에 관한 기초 및 응용과학을 다룸.
- 의학, 한의학, 치의학, 간호, 약학, 치료, 보건 등

- 전문 예술인, 체육인을 양성, 음악, 미술, 체육, 연극 영화 등의 영역이 포함됨.
- 디자인, 응용예술, 무용, 체육, 미술, 조형, 연극, 영화, 음악 등

step **2** 학과 카드 퍼즐 놀이

① 학과 카드를 1세트씩 나누어 준다(1인, 짝 또는 모둠).

② 가로 열쇠와 세로 열쇠를 참고해서 퍼즐을 완성한다.

③ 시간은 20분을 정해 놓고, 가장 빨리 해결한 모둠과 20분 이내에 완성한 모둠은 나와서 검사를 받고, 보상을 준다.

④ 자신이 가장 관심 있는 학과 3개에 ★을 표시해 보자.

> • 학과 카드 안에 있는 학과명으로 퍼즐 문제를 만들었어요.
> • 학과 카드에 나오는 학과명으로 쓰도록 안내합니다.
> • 타이머를 멀티에 띄워 놓고 하면 좋습니다.

관	광	경	영	과					★항			
		찰				★정	보	통	신	공	학	과
		행		화			석		우			
문	헌	정	보	학	과		감		주		법	
예		학		공			정		공	예	학	과
창		과		학		의	예	과	학		과	
작				과					과			
학				수								심
과				의						스		리
	★반	도	체	공	학	과		도		페		학
				과				시	각	디	자	인	학	과
		체			치	기	공	과			어	
유	아	교	육	과				학			문	
		학					과		경	호	학	과
	생	명	과	학	과						과	

 정리 **5** 분

① 대학의 학과 정보를 탐색할 수 있는 사이트를 안내한다.
   • 커리어넷(http://www.career.go.kr)→학과 정보→대학교 학과 정보/학과 인터뷰/학과 탐방/학과 카드 뉴스/학과+직업 매트리스
   • 워크넷(http://www.work.go.k)→직업 · 진로→학과 정보→학과 검색/전공 진로 가이드/학과 정보 FAQ/학과 정보 동영상

② 다음 수업 시간에 배울 내용을 간략히 소개하고, 필요한 준비물이 있으면 소개한다.

MEMO

31

진로에서
공부의 중요성

　진로 선택과 진로 설계에서 기초가 되는 것이 학습입니다. 우리의 삶과 관련된 학문과 기술을 배우고 익히며 세상에 대한 지식을 알아가고, 인간으로서 갖추어야 할 품성을 기르는 모든 것을 학습이라고 할 수 있습니다. 이번 활동에서는 내가 공부하는 이유를 찾아보고, 나의 희망 직업과 관련된 학습과 필요한 능력에 대해 알아볼 것입니다. 그리고 나의 학습법을 진단하여 이를 개선하기 위한 방법을 찾을 수 있습니다

준비물　활동지, 색연필 등

▶ 영상을 시청하고 물음에 답해 보자.

> **제목** 완벽한 공부법
>
> **내용** 공부를 왜 해야 하는지, 어떻게 해야 하는지에 대해 소개한다.
>
> **출처** https://www.youtube.com/watch?v=D2_5kul3KA8&feature=youtu.be (08:33)

⏸ ⏭ 🔊 ▬▬▬▬━━━━━━━

1. 나의 사고 방식은?	☐ 성장형	☐ 고정형
2. 나는 내가 뭘 알고, 뭘 모르는지 안다.	☐ 안다.	☐ 모른다.
3. 기억력은 타고 난다.	☐ 그렇다.	☐ 아니다.
4. 성공적인 목표 설정은?		
5. 나의 학습 동기는?	☐ 내재적	☐ 외재적
6. 노력의 또 다른 말은?		
7. 시험 불안을 극복하려면?		

1 내가 공부하는 이유 찾기

• 내가 공부하는 이유를 찾아 체크해 보자.

• 그 밖에 나만의 공부하는 이유가 있다면 빈칸에 적어 보자.

부모님이 공부하기를 원하기 때문이다.	☐
모르는 것에 대한 답을 찾거나 새로운 것을 알게 되었을 때 즐거움이 있다.	☐
다른 사람에게 칭찬과 인정을 받고 싶기 때문이다.	☐
공부는 다른 사람들도 다 하는 거고, 해야만 하는 것이기 때문이다.	☐
나의 꿈을 이루기 위해서 필요하기 때문이다.	☐
나의 가치와 능력을 마음껏 발휘하고 싶기 때문이다.	☐
다른 사람이나 세상을 위해 뭔가 좋은 일을 할 수 있기 때문이다.	☐
상급학교 진학, 원하는 직업, 경제적인 안정 등의 현실적인 것을 만족시키기 위해서이다.	☐
	☐
	☐

• 내가 공부를 해야 하는 이유를 체크한 것을 바탕으로 문장을 만들어 보자.

_____

_____

• 나의 희망 직업과 관련된 공부에는 어떤 것이 있는지 적어 보자.

> 희망 직업(일)

> 관련 교과

> 필요한 능력

2 나의 공부 방법 프로파일 그리기

• 각각의 문항을 읽고 나의 공부 방법에 대한 점수를 기록한다.

• 진단 결과를 세로로 계산해서 총점을 적고, 막대그래프를 그린다.

※점수: 매우 그렇다 5, 그렇다 4, 보통이다 3, 그렇지 않다 2, 전혀 그렇지 않다 1

영역	공부 계획 및 실천	그래프	수업 관리	그래프	주의 집중	그래프	학습 전략	그래프	자기주도 학습 능력	그래프
35	어떻게 공부할 것인지 계획을 잘 세우는 편이다. ( )		배울 내용에 대하여 미리 예습하는 편이다. ( )		주변이 소란스러워도 집중할 수 있다. ( )		내 나름의 과목별 공부 방법을 갖고 있다. ( )		누가 시키지 않아도 스스로 공부한다. ( )	
20	계획을 세우면 실천하는 편이다. ( )		수업 시간에 배운 내용에 대하여 복습을 잘한다. ( )		1시간 정도는 자리에서 일어나지 않고 공부한다. ( )		쉽게 암기할 수 있는 나만의 방법을 활용한다. ( )		왜 공부하는지 알고 있다. ( )	
15	부족한 과목이나 단원을 집중적으로 공부한다. ( )		수업 시간에 다른 과목의 공부를 하지 않는다. ( )		공부할 때 한 과목씩 차근차근 한다. ( )		중요한 내용은 노트에 정리하면서 공부한다. ( )		하루에 3시간 이상 혼자서 공부한다. ( )	
10	시험에 대비하여 공부 계획을 구체적으로 세운다. ( )		수업 시간에 선생님 말씀에 집중하는 편이다. ( )		책상에 책, 노트 등 공부에 관련된 것만 있다. ( )		나에게 맞는 문제집을 찾아 활용한다. ( )		자투리 시간을 적절히 활용한다. ( )	
5	미리 정한 계획에 따라 공부한다. ( )		노트 정리를 꼼꼼히 하는 편이다. ( )		공부에 방해되는 물건은 치우고 공부한다. ( )		집중이 잘 되는 시간을 알고, 그 시간에 공부한다. ( )		시험 후에도 꾸준히 공부하는 편이다. ( )	
총점										

※각 영역에 대해 16점 이상이면 우수, 12~15점이면 보통, 11점 이하는 미흡

• 검사 결과를 바탕으로 나의 학습 방법을 점검하고 이를 개선하기 위한 방안을 찾아보자.

> 영역   검사 결과   개선 방안

수업 진행 레시피

 도입 10분

① 자신의 학습 습관이나 학습 동기를 생각하면서 영상을 시청하도록 안내한다.

> **영상 소개**
>
> 사람들은 공부를 왜 하는지, 어떻게 해야 하는지에 대해서는 잘 모르지만 막연하게 공부는 해야 하는 것이라고 생각한다. 이 영상에서는 학습 능력을 높이기 위한 방법으로 다음과 같이 일곱 가지를 소개하고 있다.
>
> ① 성장형 인간은 노력에 따라 지능이나 성격이 바뀐다고 믿으며, 실패에도 불구하고 도전하는 정신이 강하다.
> ② 메타인지란 자신이 뭘 알고, 뭘 모르는지 아는 것이다. 이를 통해 장점을 극대화하고 단점을 최소화할 수 있다.
> ③ 기억력은 타고나는 것이 아니라 기술을 통해 기억력을 향상시킬 수 있다.
> ④ 성공적인 목표 설정은 구체적이고(Specific), 측정 가능하고(Measurable), 성취할 수 있고(Attainable), 현실적이며(Realistic), 시간 계획이 가능해야(Timeline) 한다.
> ⑤ 학습 동기에는 내재적 동기와 외재적 동기가 있으며, 두 가지가 함께 작용하면 시너지 효과를 낼 수 있다.
> ⑥ 노력의 또 다른 말은 자제력, 성실성, 의지력, 인내력이다.
> ⑦ 시험 불안을 극복하려면 불안에 대해 상세히 설명하거나 글을 써 보는 것이 좋다.

③ 물음에 대한 답을 자신의 생각을 체크해 보도록 한다.

1. 나의 사고 방식은?	성장형	✔고정형
2. 나는 내가 뭘 알고, 뭘 모르는지 안다.	✔안다.	모른다.
3. 기억력은 타고 난다.	✔그렇다.	아니다.
4. 성공적인 목표 설정은?	작은 목표부터 하나씩 설정하기(구체적, 실현 가능)	
5. 나의 학습 동기는?	내재적	✔외재적
6. 노력의 또 다른 말은?	자제력, 성실력, 의지력, 인내력	
7. 시험 불안을 극복하려면?	설명하기, 글쓰기	

④ 한 가지씩 간략히 설명한다.

step 1 내가 공부하는 이유 찾기

1 내가 공부하는 이유에 해당하는 것에 체크한다.

  • 개수에 상관없이 해당하는 내용에 모두 체크하도록 안내한다.

2 그 밖에 나만의 공부하는 이유가 있다면 빈칸에 적는다.

부모님이 공부하기를 원하기 때문이다.	
모르는 것에 대한 답을 찾거나 새로운 것을 알게 되었을 때 즐거움이 있다.	
다른 사람에게 칭찬과 인정을 받고 싶기 때문이다.	
공부는 다른 사람들도 다 하는 거고, 해야만 하는 것이기 때문이다.	✓
나의 꿈을 이루기 위해서 필요하기 때문이다.	✓
나의 가치와 능력을 마음껏 발휘하고 싶기 때문이다.	
다른 사람이나 세상을 위해 뭔가 좋은 일을 할 수 있기 때문이다.	
상급학교 진학, 원하는 직업, 경제적인 안정 등의 현실적인 것을 만족시키기 위해서이다.	✓
내가 열심히 하면 스스로 뿌듯한 기분이 들기 때문이다.	✓
다른 사람들에게 무시받지 않기 위해서이다.	✓

3 내가 공부를 해야 하는 이유를 체크한 것을 바탕으로 문장을 만들어 보자.

  • 나는 공부를 하면 스스로도 뿌듯하고 다른 사람들도 모두 하는 것이기 때문이다. 그리고 나의 꿈을 이루어서 현실적인 것을 만족시키기 위해서이다.

  • 미래에 내가 원하는 학교에 진학하여 희망하는 직업을 가져서 경제적인 안정을 얻기 위해서는 지금 공부를 하는 것이 당연하다.

4 2~3명 정도 발표한다.

5 나의 희망 직업과 관련된 공부에는 어떤 것이 있는지 적어 보자.

희망 직업(일)	일러스트레이터, 제과 제빵사
관련 교과	미술, 국어, 기술·가정, 영어, 과학, 정보 등
필요한 능력	그림 그리는 능력, 상상력, 컴퓨터 활용 능력, 빵을 만드는 능력 등

step 2 나의 공부 방법 프로파일 그리기

1 각각의 문항을 읽고 나의 공부 방법에 해당하는 점수를 기록한다.

  • 각 항목에 대한 점수는 매우 그렇다 5점, 그렇다 4점, 보통이다 3점, 그렇지 않다 2점, 전혀 그렇지 않다 1점을 주도록 안내한다.

2 진단 결과를 세로로 계산해서 총점을 적는다.

❸ 총점에 맞게 막대그래프를 그려 본다.

❹ 각 영역에 대해 자신이 잘하고 있는 영역과 그렇지 못한 영역을 구분해 본다.

- 각 영역에 대해 16점 이상이면 우수, 12~15점이면 보통, 11점 이하는 미흡이라고 안내한다.

영역	공부 계획 및 실천	그래프	수업 관리	그래프	주의 집중	그래프	학습 전략	그래프	자기주도 학습 능력	그래프
35	어떻게 공부할 것인지 계획을 잘 세우는 편이다. (3)		배울 내용에 대하여 미리 예습하는 편이다. (2)		주변이 소란스러워도 집중할 수 있다. (2)		내 나름의 과목별 공부 방법을 갖고 있다. (2)		누가 시키지 않아도 스스로 공부한다. (2)	
20	계획을 세우면 실천하는 편이다. (3)		수업 시간에 배운 내용에 대하여 복습을 잘한다. (4)		1시간 정도는 자리에서 일어나지 않고 공부한다. (4)		쉽게 암기할 수 있는 나만의 방법을 활용한다. (2)		왜 공부하는지 알고 있다. (2)	
15	부족한 과목이나 단원을 집중적으로 공부한다. (4)		수업 시간에 다른 과목의 공부를 하지 않는다. (2)		공부할 때 한 과목씩 차근차근 한다. (3)		중요한 내용은 노트에 정리하면서 공부한다. (3)		하루에 3시간 이상 혼자서 공부한다. (1)	
10	시험에 대비하여 공부 계획을 구체적으로 세운다. (3)		수업 시간에 선생님 말씀에 집중하는 편이다. (2)		책상에 책, 노트 등 공부에 관련된 것만 있다. (4)		나에게 맞는 문제집을 찾아 활용한다. (2)		자투리 시간을 적절히 활용한다. (2)	
5	미리 정한 계획에 따라 공부한다. (2)		노트 정리를 꼼꼼히 하는 편이다. (4)		공부에 방해되는 물건은 치우고 공부한다. (4)		집중이 잘 되는 시간을 알고, 그 시간에 공부한다. (2)		시험 후에도 꾸준히 공부하는 편이다. (2)	
총점	15		16		17		11		9	

❸ 검사 결과를 바탕으로 나의 학습 방법을 점검하고 이를 개선하기 위한 방안을 찾아보자.

- 가장 낮은 영역 2개를 선택해서 구분에 적는다.
- 검사 결과는 우수: 16점 이상, 보통: 12~15점, 미흡: 11점 이하로 기록한다.
- 개선 방안에는 영역 안에서 가장 낮은 점수가 나온 항목을 어떻게 개선할 것인지 기록한다.

영역	검사 결과	개선 방안
자기주도 학습능력	9점(미흡)	• 스스로 공부할 수 있도록 시간을 갖는다. • 매일 일정한 시간을 학습할 수 있도록 노력한다.
학습 전략	11점(미흡)	• 공부가 잘되는 나만의 공부 방법을 찾아본다. • 과목 특성에 맞는 학습 전략을 세워 본다.

정리 5분

❶ 진로에서 학습의 중요성에 대해 간략히 설명한다.

- 이번 활동에서 느낀 점을 2~3명 정도 발표하도록 한다.

❷ 다음 수업 시간에 배울 내용을 간략히 소개하고, 필요한 준비물이 있으면 안내한다.

32

진로 장벽 극복하기

진로 장벽이란 진로 문제와 관련하여 목표를 선택하고 그것을 달성해 가는 과정에서 만나게 되는 모든 방해 요소를 의미합니다. 진로 장벽은 진로를 결정, 계획, 실천하며 목표를 성취해 나가는 과정에서 부딪히게 되는 문제이므로 슬기롭게 해결해야 합니다. 이번 활동에서는 영화를 통해 진로 장벽의 극복 사례를 알아보고, 나의 진로 장벽과 극복 방법에 대해 알아보겠습니다.

준비물 활동지, 색연필, 형광펜 등

▶ 영상을 시청하고 느낀 점을 적어 보자.

> 제목 어느 축구팀의 감동 실화
>
> 내용 태국의 한 수상 마을 판히섬에서 있었던 아이들의 감동적인 축구 이야기를 소개한다.
>
> 출처 https://www.youtube.com/watch?v=n927CZH4v3Q&feature=youtu.be (04:58)

⏸ ⏭ 🔊 ▬▬▬▬▬▬▬▬

_____

_____

1 영화로 알아보는 진로 장벽 극복 사례

· 영상을 시청하고 내용을 간단히 요약하고 느낀 점을 적는다.

> ○ **제목**: 역경을 극복한 영화 Best 5
> ○ **내용**: 고난을 극복하고 성공을 이룬 내용을 주제로 한 5편의 영상을 소개한다.
> ○ **출처**: https://www.youtube.com/watch?v=lIAg2_71JYw&feature=youtu.be (18:00)

영화	내용과 느낀 점
행복을 찾아서 (2006년, 윌 스미스)	
꿈의 구장 (1989년, 케빈 코스트너)	
8마일 (2002년, 에미넴)	
쿨 러닝 (1993년, 리온)	
나의 왼발 (1989년, 다니엘 데이 루이스)	

2 나의 진로 장벽 알아보기

- 진로 장벽 요인에 대한 문항을 읽고 나에게 해당하는 점수를 매겨 보자.

  ※매우 그렇다 **5점**, 그렇다 **4점**, 보통이다 **3점**, 그렇지 않다 **2점**, 전혀 그렇지 않다 **1점**.

- 점수를 계산해서 총점을 적고 막대그래프를 그려 보자.
- 현재의 나, 또는 미래의 나에게 예상되는 진로 장벽 5개를 찾아 형광펜으로 색칠해 보자.

영역	자기 이해 부족	그래프	정보 부족	그래프	낮은 자신감	그래프	경제적 어려움	그래프	타인과의 갈등	그래프
20	내가 잘할 수 있는 일이 뭔지 몰라. ( )		원하는 직업이 실제로 어떤 일을 하는지 잘 몰라. ( )		끈기가 부족해서 이루고 싶은 꿈을 못 이룰 것 같아. ( )		가정 형편이 좋지 않아서 원하는 직업을 가지지 못 할 것 같아. ( )		진로 문제가 생기면 다른 사람에게 도움을 요청하지 않을 거야. ( )	
15	나 자신을 잘 몰라. 그래서 뭘 해야 할지 모르겠어. ( )		원하는 직업을 가지기 위해서 어떤 준비를 해야 할지 몰라. ( )		대학교에 가서도 공부를 잘 할 수 있을지 걱정이야. ( )		원하는 직업(전공)을 가지려면 돈이 많이 들어 고민이야. ( )		직업 선택 시 부모님의 반대나 의견에 영향을 받을 것 같아. ( )	
10	나에게 중요한게 뭔지 잘 모르겠어. ( )		다양한 직업에 대해 잘 몰라. ( )		원하는 직업을 가질 만큼 실력이 안 돼. ( )		대학을 생각하면 돈 걱정부터 앞서. ( )		부모님이나 주변 사람들이 나에게 거는 기대가 높아 부담스러워. ( )	
5	난 내가 어떤 일을 좋아하는지 잘 몰라. ( )		관심 직업에 대한 정보를 어디서 얻을 수 있는지 몰라. ( )		공부 방법을 몰라서 실력 발휘를 못 할 것 같아. ( )		원하는 학원에 다닐 형편이 안돼서 꿈을 이룰 수 없을 것 같아. ( )		선택한 직업을 친구들이 나쁘게 말하면 그 직업이 싫어져. ( )	
총점										

3 나의 진로 장벽 극복하기

- 나의 진로 장벽을 해결할 수 있는 방법을 찾아 색칠해 보고, 나의 진로 장벽과 극복 방안을 적어 보자.

여유 있게 생각하기	스트레스 줄이기	나의 강점 3개 찾기	메신저 프로필에 꿈 내용 쓰기	긍정적으로 미래 생각하기	걱정 덜하기
운동하기	사랑하는 일 찾아보기	나에 대해 돌아보기	내가 잘하는 일 찾기	부모님과 대화하기	선생님과 상담하기
미래에 대한 두려움 버리기	내 꿈에 대해 자주 생각하기	직업 정보 찾아보기	내게 없는 것 인정하기	직업 체험하기	내게 맞는 꿀잼 찾기
나의 롤모델 찾기	인터넷 검색하기	현실적인 계획 세우기	스마트폰 사용 줄이기	당장 실천할 계획 세우기	잠 줄이기

나의 대표적인 진로 장벽은 .... 이다.

나는 이것을 극복하기 위해 .... 하겠다.

수업 진행 레시피

도입 **7** 분

① 자신이 생각하는 진로 장벽은 무엇인지 생각하면서 영상을 시청하도록 안내한다.

영상 소개

실화를 바탕으로 만들어진 영상이다. 축구를 할 수 있는 공간을 찾아보기 힘든 태국의 한 수상 가옥 마을에서 아이들이 축구팀을 만들어 세계 챔피언이 되겠다는 꿈을 갖는다. 마을 사람들은 모두 비웃었지만 아이들은 주변에서 나무 조각을 모아 울퉁불퉁하고 흔들거리고 여기저기 못이 박힌 작은 축구장을 만든다. 아이들은 이 공간에서 열심히 축구를 한다. 어느날 축구 대회가 열리게 되고, 아이들은 마을 사람들이 사준 유니폼을 입고, 축구화를 신고 축구 대회에 참가하게 된다. 실력 발휘를 한 아이들은 준결승까지 진출하게 된다. 그후 마을에는 못이 박히지 않은 축구장도 생기게 되고, 축구는 마을에서 가장 인기 있는 운동이 되었다.

② 영상을 시청하고 느낀 점을 적는다.

• 영상의 주인공들이 축구팀을 만들고 운동장이 없다고 그냥 포기했다면, 그들은 절대 꿈을 이루지 못했을 것이다. 포기하지 않고 방법을 찾아내서 노력한 주인공들에게 박수를 보내고 싶다.

전개 **30** 분

step 1 **영화로 알아보는 진로 장벽 극복 사례**

● 영상을 시청하고 내용을 간단히 요약하고 느낀 점을 적는다.

영상 소개

고난을 극복하고 뜨거운 노력으로 자신들의 꿈을 이룬 사람들의 이야기로, 우리들에게 희망과 용기를 주는 영화들의 줄거리를 소개한다. 역경에 빠진 사람을 끌어올리는 가장 강력한 힘은 사랑하는 사람의 믿음이다. 그들의 따스한 마음이 좌절과 슬픔을 몰아내고 희망과 용기를 되찾게 해 준다.

영화	내용이나 느낀 점
행복을 찾아서 (2006년, 윌 스미스)	세상의 불행은 모두 가진 주인공, 도저히 행복할 수 없어 보이는 한 남자가 작지만 절박했던 자신의 꿈을 이루는 이야기다.

	꿈의 구장 (1989년, 케빈 코스트너)	주인공이 자신의 꿈을 주변 사람들에게 말했을 때 "미쳤어?", "제 정신이야?", "그게 되겠어?"라는 말을 듣는다. 그러나 그는 그런 이야기를 들으면서도 꿋꿋하게 자신이 믿는 것을 이루어 간다.
	8마일 (2002년, 에미넴)	가난한 백인 노동자의 꿈도 희망도 없는 현실과 힙합을 향한 열정 사이의 괴리를 폭발하는 랩 속에 녹여낸 이야기다.
	쿨 러닝 (1993년, 리온)	일년 내내 눈 한번 내리지 않는 자메이카에서 동계 올림픽의 한 종목인 봅슬레이에 출전하기 위해 무모한 도전이 펼쳐진다.
	나의 왼발 (1989년, 다니엘 데이 루이스)	비록 왼발밖에 사용하지 못했던 뇌성마비 장애인이지만 육체의 한계를 딛고 일어나 그림을 그리고 책을 쓰는 모습이 감동적인 영화다.

step 2 나의 진로 장벽 알아보기

1 진로 장벽 요인에 대한 문항을 읽고 나에게 해당하는 점수를 매긴다.
※매우 그렇다 5점, 그렇다 4점, 보통이다 3점, 그렇지 않다 2점, 전혀 그렇지 않다 1점.

점수가 높을수록 진로 장벽의 요인이라고 할 수 있어요.

2 점수를 계산해서 총점을 적고, 막대그래프를 그려서 표시한다.

3 현재의 나, 또는 미래의 나에게 예상되는 진로 장벽 5개를 찾아 형광펜으로 색칠한다.

영역	자기 이해 부족	그래프	정보 부족	그래프	낮은 자신감	그래프	경제적 어려움	그래프	타인과의 갈등	그래프
20	내가 잘할 수 있는 일이 뭔지 몰라. (5)		원하는 직업이 실제로 어떤 일을 하는지 잘 몰라. (2)		끈기가 부족해서 이루고 싶은 꿈을 못 이룰 것 같아. (4)		가정 형편이 좋지 않아서 원하는 직업을 가지지 못할 것 같아. (2)		진로 문제가 생기면 다른 사람에게 도움을 요청하지 않을 거야. (2)	
15	나 자신을 잘 몰라. 그래서 뭘 해야 할지 모르겠어. (4)		원하는 직업을 가지기 위해서 어떤 준비를 해야 할지 몰라. (2)		대학교에 가서도 공부를 잘 할 수 있을지 걱정이야. (4)		원하는 직업(전공)을 가지려면 돈이 많이 들어 고민이야. (1)		직업 선택 시 부모님의 반대나 의견에 영향을 받을 것 같아. (2)	
10	나에게 중요한게 뭔지 잘 모르겠어. (4)		다양한 직업에 대해 잘 몰라. (3)		원하는 직업을 가질 만큼 실력이 안 돼. (5)		대학을 생각하면 돈 걱정부터 앞서. (1)		부모님이나 주변 사람들이 나에게 거는 기대가 높아 부담스러워. (1)	
5	난 내가 어떤 일을 좋아하는지 잘 몰라. (3)		관심 직업에 대한 정보를 어디서 얻을 수 있는지 몰라. (1)		공부 방법을 몰라서 실력 발휘를 못 할 것 같아. (4)		원하는 학원에 다닐 형편이 안돼서 꿈을 이룰 수 없을 것 같아. (1)		선택한 직업을 친구들이 나쁘게 말하면 그 직업이 싫어져. (2)	
총점	16		8		17		5		7	

step 3 나의 진로 장벽 극복하기

자신이 생각하는 해결 방법이 없다면 별도로 메모하도록 안내해요.

❶ 나의 진로 장벽을 해결할 수 있는 방법을 찾아 색칠한다.

여유 있게 생각하기	스트레스 줄이기	나의 강점 3개 찾기	메신저 프로필에 꿈 내용 쓰기	긍정적으로 미래 생각하기	걱정 덜하기
운동하기	사랑하는 일 찾아보기	나에 대해 돌아보기	내가 잘하는 일 찾기	부모님과 대화하기	선생님과 상담하기
미래에 대한 두려움 버리기	내 꿈에 대해 자주 생각하기	직업 정보 찾아보기	내게 없는 것 인정하기	직업 체험하기	내게 맞는 꿀잼 찾기
나의 롤모델 찾기	인터넷 검색하기	현실적인 계획 세우기	스마트폰 사용 줄이기	당장 실천할 계획 세우기	잠 줄이기

• 가장 대표적인 나의 진로 장벽과 극복 방안을 적는다.

나의 대표적인 진로 장벽은 <u>내가 잘할 수 있는 일이 무엇인지 모른다는 것</u>이다.

나는 이것을 극복하기 위해 <u>나에게 맞는 흥미, 적성 등을 찾을 수 있도록 노력</u>하겠다.

정리 ⏱ 8분

❶ 자신의 진로 장벽과 극복 방안을 발표한다(2~3명 정도).

❷ 다음 수업 시간에 배울 내용을 간략히 소개하고, 준비물이 있으면 안내한다.

꿈을 계속 간직하고 있으면 반드시 실현할 때가 온다.

−괴테−

미래는 현재 우리가 무엇을 하는가에 달려 있다.

−마하트마 간디−

어떤 일을 하고 싶은가? 자기 스스로 찾아내고, 전력을 다해 몰두하라. 다른 사람보다 한 걸음 앞서고 싶으면, 자기 장래의 계획은 자기가 정해야 한다.

−그레이엄 벨−

33

합리적인
진로 의사 결정

진로 의사 결정이란 자신의 흥미, 적성, 가치관, 환경 등을 알고 직업 세계를 탐색한 후에 나에게 맞는 진로를 최종적으로 선택하는 것을 의미합니다. 진로 의사 결정을 할 때는 완전히 잘못된 선택도, 완벽한 선택도 없다는 것을 인식하는 것이 중요합니다. 이번 활동에서는 나의 의사 결정 유형과 각 유형의 특성에 대해 알아보고 보완할 점에 대해 생각해 보겠습니다. 또한 희망 고등학교를 선택하는 과정을 통해 합리적인 진로 의사 결정에 대해 알아보겠습니다.

준비물 　활동지, 색연필이나 형광펜 등

▶ 영상을 보고 내가 가장 기억나는 선택과 포기를 적어 보자.

> 제목 B와 D 사이의 C
>
> 내용 자신이 원하는 선택을 하려면 뭔가 포기해야 하며, 선택한 것에는 포기한 것의 가치가 포함된다.
>
> 출처 https://www.youtube.com/watch?v=-lHUd4VcASg&t=88s (04:21)

■ ▶ ◀)) ▬▬▬▬▬▬▬▬▬

내가 선택했던 것

내가 포기했던 것

1 나의 의사 결정 유형 알아보기

• 의사 결정 유형 검사 문항을 읽고 점수를 기록해 보자(그렇다 3점, 보통이다 2점, 그렇지 않다 1점).

• 문항별 점수를 가로로 합산해서 유형별 총점을 적어 그래프에 표시하고, 형광펜이나 색연필로 색칠해 보자.

총점	3	6	9	12	15	18	21	24	27	30	
합리적 유형 ( )점	문항 1 ( )	문항 3 ( )	문항 5 ( )	문항 10 ( )	문항 13 ( )	문항 15 ( )	문항 17 ( )	문항 22 ( )	문항 25 ( )	문항 27 ( )	그래프 점수
직관적 유형 ( )점	문항 2 ( )	문항 7 ( )	문항 8 ( )	문항 11 ( )	문항 16 ( )	문항 19 ( )	문항 21 ( )	문항 23 ( )	문항 28 ( )	문항 30 ( )	그래프 점수
의존적 유형 ( )점	문항 4 ( )	문항 6 ( )	문항 9 ( )	문항 12 ( )	문항 14 ( )	문항 18 ( )	문항 20 ( )	문항 24 ( )	문항 26 ( )	문항 29 ( )	그래프 점수

• 나의 의사 결정 유형과 특성 및 보완할 점을 적어 보자.

> 나의 의사 결정 유형은 _____ 이다.
>
> 내 유형의 장점은 _____ 이고, 단점은 _____ 이다.
>
> 내 유형의 단점을 보완하기 위해 _____ 하겠다.

■ 의사 결정의 유형별 특성

합리적 유형	직관적 유형	의존적 유형
• 의사 결정이 신중하고 합리적임. • 심리적 독립과 성장에 도움을 줌. • 잘못하거나 실패할 확률이 낮음 • 지나치게 신중하여 기회를 놓치기도 함. • 의사 결정에 시간이 오래 걸림.	• 의사 결정이 신속함. • 스스로 선택에 책임을 짐. • 의사 결정이 즉흥적이고 감정적임. • 잘못하거나 실패할 확률이 높음 • 돌발 상황에 유리함.	• 의사 결정이 수동적이고 순종적임. • 소신 있게 일처리를 하지 못함. • 실패했을 때 남의 탓을 하기 쉬움. • 의존자가 유능한 사람일 경우에는 성공 가능성이 높음.

2 합리적인 진로 의사 결정하기

· 진로 의사 결정 5단계를 해 보면서 나의 진학 희망 고등학교 유형을 결정해 보자.

1단계
문제 인식

결정하거나 해결해야 할 문제가 무엇인지 분명히 한다.

_____

⬇

2단계
대안 탐색

문제 해결을 위한 다양한 대안을 찾는다.
예 일반고, 외국어고, 과학고, 예술고, 체육고, 마이스터고, 특성화고, 자율고 등

■ _____ ■ _____ ■ _____ ■ _____

⬇

3단계
기준 설정

찾은 대안에 대한 평가 기준을 정한다. 필요한 기준이 있으면 직접 적는다.
예 학업 성적과 입학 가능성은?, 대학 진학이나 취업 가능성은?, 나의 흥미와 적성에 맞는가?
　　가정 환경이나 부모님의 기대감은?, 나의 꿈을 이루기에 적합한가? 등

①
②
③
④
⑤
⑥
⑦

⬇

4단계
대안 평가

각 대안을 기준에 따라 비교·평가한다.　　　　※ 높음★★★　보통★★　낮음★

대안　　　기준	대안1 일반고	대안2 외국어고	대안3 특성화고	대안4 마이스터고
기준 ①				
기준 ②				
기준 ③				
기준 ④				
기준 ⑤				
기준 ⑥				
기준 ⑦				
별의 개수				

⬇

5단계
**의사 결정 및
계획 수립**

가장 적합한 대안을 선택하고, 그 실행을 위한 계획을 세운다.

나의 진학 희망 고등학교 유형은 1위 _____, 2위 _____이다.

희망하는 고등학교에 진학하기 위해 나는 _____
_____하겠다.

■ 의사 결정 유형 검사 문항 　　　　　　※그렇다 3점, 보통이다 2점, 그렇지 않다 1점

1 (　　) 중요한 의사 결정을 할 때 한 단계 한 단계 체계적으로 한다.

2 (　　) 자신의 욕구에 따라 매우 독특하게 의사 결정을 한다.

3 (　　) 얻을 수 있는 모든 정보를 수집하지 않고는 중요한 의사결정을 거의 하지 않는다.

4 (　　) 의사 결정을 할 때 친구들이 나의 결정을 어떻게 생각할 것인가를 매우 중요시 한다.

5 (　　) 의사 결정을 할 때 이 의사 결정과 관련된 결과까지 고려한다.

6 (　　) 다른 사람의 도움 없이는 중요한 의사 결정을 하기 힘들다.

7 (　　) 어려운 문제에 부닥치면 재빨리 결정을 내린다.

8 (　　) 의사 결정을 할 때 나의 즉각적인 느낌이나 감정에 따른다.

9 (　　) 내가 하고 싶은 것보다 다른 사람이 어떻게 생각하느냐에 영향을 받아 의사 결정을 한다.

10 (　　) 어떤 의사 결정을 할 때 시간을 갖고 주의 깊게 생각해 본다.

11 (　　) 문제의 해결책을 그 순간에 떠오르는 생각대로 결정한다.

12 (　　) 친한 친구와 의논하지 않고는 의사 결정을 거의 하지 않는다.

13 (　　) 중대한 결정 문제가 예상될 때, 계획하고 생각할 시간을 충분히 갖는다.

14 (　　) 의사 결정을 못한 채 뒤로 미루는 경우가 많다.

15 (　　) 의사 결정을 하기 전에 알고 있는 사실이더라도 확실한 정보를 다시 검토한다.

16 (　　) 의사 결정에 대해 생각하지 않다가 도갑자기 생각이 떠오르면 무엇을 해야 할지 안다.

17 (　　) 어떤 중요한 일을 하기 전에 신중하게 계획을 세운다.

18 (　　) 의사 결정을 할 때 다른 사람들의 지지와 격려가 필요하다.

19 (　　) 의사 결정을 할 때 마음이 가장 끌리는 쪽으로 결정을 한다.

20 (　　) 나의 인기를 떨어뜨릴 의사 결정은 별로 하고 싶지 않다.

21 (　　) 의사 결정을 할 때 예감 또는 육감을 중요시 한다.

22 (　　) 올바른 의사 결정이라는 확신이 들기 전에 조급하게 결정을 내리지 않는다.

23 (　　) 어떤 의사 결정이 감정적으로 만족스러우면 그 결정이 올바른 것으로 생각한다.

25 (　　) 올바른 결정을 할 능력과 자신이 없으므로 다른 사람의 의견을 따른다.

25 (　　) 종종 내가 내린 의사 결정을 일정한 목표를 향한 진보의 단계로 본다.

26 (　　) 내가 내린 결정을 친구들이 지지해 주지 않으면 결정에 확신을 갖지 못한다.

27 (　　) 의사 결정을 하기 전에 그 결정에 의해 생기는 결과에 대해 가능한 많이 알고 싶다.

28 (　　) '이것이다.'라는 느낌에 의해 결정을 내릴 때가 종종 있다.

29 (　　) 대개의 경우 주위 사람들이 바라는 방향으로 의사 결정을 한다.

30 (　　) 의사 결정을 할 때 떠오르는 생각 대로 결정을 내리는 경우가 자주 있다.

수업 진행 레시피

도입 5분

❶ 합리적인 진로 의사 결정이란 무엇인지 생각하면서 영상을 시청하도록 안내한다.

영상 소개

인어공주는 목소리를 얻기 위해 자유롭게 헤엄치던 낯익은 세상, 다정한 친구들, 공주라는 신분을 포기해야 했다. 목소리와 함께 인어공주가 포기한 기회들, 독신이 누릴 수 있는 모든 기회가 포함된 결혼의 가격, 짜장면을 위해 포기한 짬뽕의 맛이 포함된 짜장면 한 그릇의 가격. 무엇을 선택하는 것이 이익이고, 무엇을 포기하는 것이 이익인가?

인생은 '탄생'(Birth)과 '죽음(Death)' 사이의 '선택(Choice)'이다. 나는 무엇을 선택하고 무엇을 포기할 것인가?

Choice ✓

Birth   Death

❷ 자신이 선택했던 것과 포기했던 것들을 쓰고 발표해 본다.

내가 선택했던 것	내 생일 선물로 직접 고른 핸드폰
내가 포기했던 것	성적이 떨어져서 줄여야 했던 게임 시간

전개 35분

step 1 나의 의사 결정 유형 알아보기

❶ 의사 결정 유형 검사 문항을 읽고 각 문항별 점수를 기록한다.

※ 그렇다 3점, 보통이다 2점, 그렇지 않다 1점

❷ 문항별로 점수를 적고 가로로 합산해서 유형별 총점을 적는다.

❸ 총점을 그래프에 표시하고, 형광펜이나 색연필로 색칠한다.

• 너무 깊게 생각하지 말고 빠르게 체크하도록 안내합니다.

• 문항별로 점수를 적을 때 순서 대로 되어 있지 않으므로 문항 번호를 잘 보고 체크하도록 안내합니다.

총점	3	6	9	12	15	18	21	24	27	30	
합리적 유형 (22)점											그래프
	문항 1 (1)	문항 3 (2)	문항 5 (2)	문항 10 (3)	문항 13 (3)	문항 15 (3)	문항 17 (2)	문항 22 (3)	문항 25 (1)	문항 27 (2)	점수
직관적 유형 (14)점											그래프
	문항 2 (2)	문항 7 (1)	문항 8 (2)	문항 11 (1)	문항 16 (1)	문항 19 (2)	문항 21 (1)	문항 23 (2)	문항 28 (1)	문항 30 (1)	점수
의존적 유형 (18)점											그래프
	문항 4 (2)	문항 6 (1)	문항 9 (2)	문항 12 (2)	문항 14 (3)	문항 18 (1)	문항 20 (1)	문항 24 (2)	문항 26 (2)	문항 29 (2)	점수

❹ 나의 의사 결정 유형과 특성 및 보완할 점을 적는다.

나의 의사 결정 유형은 ___합리적 유형___ 이다.

내 유형의 장점은 _의사 결정이 신중하고 합리적인 것_ 이고, 단점은 지나치게 신중하여 기회를 놓치는 것 이다.

내 유형의 단점을 보완하기 위해 ___조금 더 빠르게 의사 결정을___ 하겠다.

❺ 나의 의사 결정 유형에 대해 3~4명 정도 발표한다.
- 발표하기 전에 3가지 의사 결정별로 손들어 보게 한다.
- 의사 결정 유형별로 1~2명 정도 발표한다.

발표가 끝나면 유형별 특징 및 장단점에 대해 간단히 설명합니다.

step 2 합리적인 진로 의사 결정하기

❶ 진로 의사 결정 5단계에 따라 나의 진학 희망 고등학교 유형을 결정해 보자.

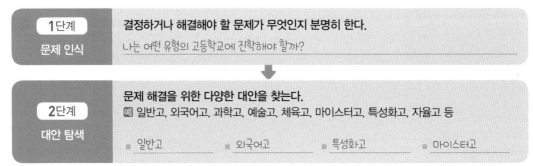

1단계 문제 인식
결정하거나 해결해야 할 문제가 무엇인지 분명히 한다.
나는 어떤 유형의 고등학교에 진학해야 할까?

2단계 대안 탐색
문제 해결을 위한 다양한 대안을 찾는다.
예) 일반고, 외국어고, 과학고, 예술고, 체육고, 마이스터고, 특성화고, 자율고 등

■ 일반고 　　　 ■ 외국어고 　　　 ■ 특성화고 　　　 ■ 마이스터고

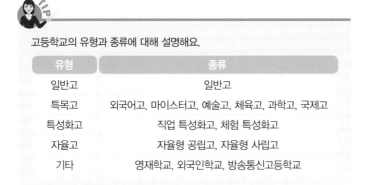

고등학교의 유형과 종류에 대해 설명해요.

유형	종류
일반고	일반고
특목고	외국어고, 마이스터고, 예술고, 체육고, 과학고, 국제고
특성화고	직업 특성화고, 체험 특성화고
자율고	자율형 공립고, 자율형 사립고
기타	영재학교, 외국인학교, 방송통신고등학교

| | 3단계 기준 설정 | 찾은 대안에 대한 평가 기준을 정한다. 필요한 기준이 있으면 직접 적는다. |

<table>
<tr><td rowspan="8">3단계
기준 설정</td><td>찾은 대안에 대한 평가 기준을 정한다. 필요한 기준이 있으면 직접 적는다.</td></tr>
</table>

3단계
기준 설정

찾은 대안에 대한 평가 기준을 정한다. 필요한 기준이 있으면 직접 적는다.

예 학업 성적과 입학 가능성은?, 대학 진학이나 취업 가능성은?, 나의 흥미와 적성에 맞는가? 가정 환경이나 부모님의 기대감은?, 나의 꿈을 이루기에 적합한가? 등

① 나의 현재 학업 성적으로 입학 가능한가?

② 대학 진학에 유리한 동아리를 운영하고 있는가?

③ 집에서 등하교하기 편리한가?

④ 현재 우리집의 경제 사정에 맞는가? 부모님도 원하실까?

⑤ 급식은 맛있을까?

⑥ 부모님도 원하시는 학교인가?

⑦ 나의 꿈을 이루기에 적합한 학교인가?

4단계
대안 평가

각 대안을 기준에 따라 비교 · 평가한다.　　　　　※ 높임★★★ 보통★★ 낮음★

대안 / 기준	대안1 일반고	대안2 외국어고	대안3 특성화고	대안4 마이스터고
기준 ①	★★★	★★	★★	★
기준 ②	★★	★★★	★★★	★★★
기준 ③	★★	★★★	★★	★
기준 ④	★★★	★	★	★
기준 ⑤	★	★★★	★★	★
기준 ⑥	★★★	★★★	★★	★
기준 ⑦	★★	★★★	★★	★
별의 개수	16	18	14	9

5단계
의사 결정 및
계획 수립

가장 적합한 대안을 선택하고, 그 실행을 위한 계획을 세운다.

나의 진학 희망 고등학교 유형은 1위 ___외국어고___ , 2위 ___일반고___ 이다.

희망하는 고등학교에 진학하기 위해 나는 중학교 내신 성적을 잘 관리하고, 전공하고 싶은 독일어도 꾸준히 공부해서 ○○외국어고등학교 독일어과에 꼭 진학하겠다.

2~3명 정도 발표하고, 선택된 대안 외에 다른 대안도 생각해 볼 수 있도록 안내합니다.

정리

❶ 의사 결정 유형 3가지에 대해 간단히 설명한다.

❷ 합리적인 진로 의사 결정의 단계를 통해 합리적인 의사 결정을 할 수 있도록 지도한다.

❸ 다음 수업 시간에 배울 내용을 간략히 소개하고, 필요한 과제나 준비물이 있으면 안내한다.

MEMO

34

나의 진로 로드맵 그리기

진로 목표는 꿈을 이루는 원동력입니다. 꿈을 이루기 위해서는 진로 목표를 구체적으로 설정하고 그것을 성취해 나가기 위한 다양한 활동을 단기, 중기, 장기 계획으로 나누어 세운 후 실천한다면 꿈을 이룰 수 있을 것입니다. 이번 활동에서는 나의 진로 로드맵 그리기 활동을 통해 꿈을 이루는 과정과 꿈을 이룬 나의 모습을 4컷 만화로 표현하고 미니 수필로 작성해 보겠습니다.

준비물 활동지, 색연필, 사인펜 등

▶ 영상을 시청하고 기억에 남는 말을 적어 보자.

> **제목** 리오넬 메시
>
> **내용** 세계적인 축구선수 리오넬 메시가 자신의 꿈을 이룬 과정을 소개한다.
>
> **출처** https://www.youtube.com/watch?v=JVvurYsQhvM&feature=youtu.be (04:29)

🔄 **나의 진로 로드맵 그리기**

- 자신의 진로나 꿈에 대해 생각한 후 제목을 정한다.
- 진로를 결정한 경우 꿈을 이루기까지의 예상 과정과 꿈을 이룬 나의 모습을 4컷 만화로 표현해 보자.
- 진로를 결정하지 못한 경우에는 나의 꿈의 변천사를 4컷 만화로 표현해 보자.
- 4컷 만화로 표현한 이미지 자료를 바탕으로 자신의 진로에 대한 미니 수필을 작성해 보자.
- 모둠별로 돌아가며 자신의 꿈과 진로에 대해 1분씩 발표해 보자.

제목:

수업 진행 레시피

❶ 자신의 꿈을 위해 어떤 노력을 해야 하는지 생각하면서 영상을 시청하도록 안내한다.

 영상 소개

> 리오넬 메시는 6살의 나이에 '뉴웰스 올드 보이스' 구단에 입단해 약 6년 간 500골 이상을 득점하며 자신의 능력을 세상에 알린다. 그러나 소년은 11세의 나이에 '성장 호르몬 결핍증(GHD)'이라는 진단을 받게 된다. 하지만 그러한 상황 속에서도 꿈을 포기하지 않고 항상 훈련에 열중하며 매 순간 최선을 다했다. 이후 우여곡절 끝에 입단한 바르셀로나에서 작은 덩치와 조용한 성격  탓에 동료들에게 놀림을 받고 무시를 당할 때마다 경기장 안에서 경기력으로 자신의 존재를 증명해 나갔다. 그렇게 성장 호르몬 결핍증에 걸렸지만 이를 악물고 훈련했던 소년은 이제 현역 선수 중 최다 개인 수상을 기록하고 누구나 인정하는 최고의 선수가 되었다.

❷ 영상을 시청한 후 기억에 남는 내용이나 문장을 적어 본다.

• 너의 꿈을 포기하지 말거라. 너가 좇아야 할 꿈이 있다면 그 무엇도 널 막을 수 없단다.

• 이 선수는 절대 멈추지 않는군요.

❸ 2~3명 정도 간단히 발표한다.

step1 나의 진로 로드맵 그리기

❶ 자신의 진로에 대하여 생각한 후 제목을 정한다.

❷ 진로를 결정한 경우 꿈을 이루기까지의 예상 과정과 꿈을 이룬 나의 모습을 4컷 만화로 표현한다.

• 자신이 미래에 직업으로 삼고 싶은 일을 3가지 정도 생각해 보고, 그 중 하나를 선택해 그 직업을 가지기 위해 노력해야 할 점, 가져야 할 습관, 이루어가는 과정, 꿈을 이루기 위한 나의 각오, 꿈을 이루었을 때 나의 미래 모습 등을 생각하며 그리도록 합니다.

 TIP

> 꿈이 여러 가지인 경우 그 꿈을 이룬 자신의 모습을 하나씩 표현하거나, 꿈이 계속 변했을 때는 꿈의 변천 과정을 표현합니다. 아직 꿈이 없다면 직업과 관련이 없어도 어떻게 살고 싶은지를 표현해 보도록 합니다.

③ 진로를 결정하지 못한 경우에는 나의 꿈의 변천사를 4컷 만화로 표현한다.

제목: 나의 꿈은 경찰

④ 4컷 만화 이미지 자료를 바탕으로 자신의 진로에 대한 미니 수필을 작성한다.

> 나의 꿈은 경찰이 되는 것이다. 경찰이 되기 위해서는 각종 법률 지식도 있어야 하고, 특히 요즘은 과학 수사가 중요하기 때문에 관련 공부도 열심히 해야 한다. 그래서 나는 CSI 관련 영화도 즐겨 보고 있으며, 내가 목표로 하는 경찰대학은 진학 경쟁률이 높기 때문에 준비를 더 충실히 하고 있다. 또한 경찰이 되기 위해서는 기본적인 체력을 기르는 것이 매우 중요하다. 매일 학교 운동장을 돌고, 스트레칭, 윗몸 일으키기, 팔굽혀 펴기 등 각종 운동을 하면서 범인을 잡을 수 있는 체력을 갖추려 노력하고 있다. 이렇게 공부도 열심히 하고 체계적인 운동을 통해 나는 경찰대학에 진학해서 꼭 경찰이 될 것이며, 범죄자들을 소탕해서 우리 사회가 좀더 나은 세상이 될 수 있도록 노력할 것이다.

⑤ 모둠별로 돌아가며 자신의 꿈과 진로에 대해 1분씩 발표한다.

'나의 꿈 나의 미래'라는 제목으로 진로 로드맵 그리기 대회로 진행해도 좋습니다.
※249, 250쪽 예시 참조

정리 5분

① 진로 계획을 세울 때 단기 계획, 중기 계획, 장기 계획으로 구분해서 세우는 것이 중요한 이유를 설명한다.

② 진로 활동을 마무리하는 활동을 통해 진로의 중요성을 인식하는 시간을 갖는다.

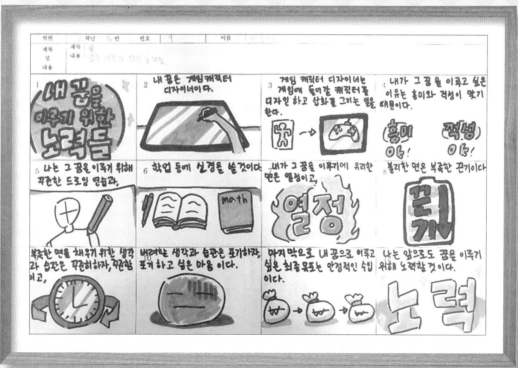

진로 로드맵 그리기 대회 예시

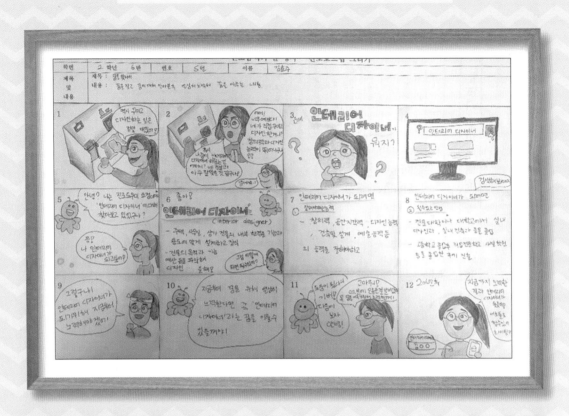

참고 문헌

- 우치갑 외, 비주얼씽킹 수업, 디자인펌킨, 2015.
- 이영민, 아이스브레이크 101, 김영사, 2016.
- 조세핀 김, 교실 속 자존감, 비전과 리더십, 2015.
- 커리어넷, 재미있게 놀이하는 진로 카드-반짝반짝(진로 가치), 2018.
- 커리어넷, 재미있게 놀이하는 진로 카드-알쏭달쏭 카드(미래 직업 트렌드), 2018.
- 커리어넷, 창의적 진로 개발 활동지, 2015.
- 한국고용정보원, 우리들의 직업 만들기, 2015.
- 홍기훈·김승, 나만의 북극성을 찾아라, 미디어숲, 2012.

참고 사이트

- 고입정보포털 http://www.hischool.go.kr
- 국가직무능력표준 http://www.ncs.go.kr
- 온라인 창업 체험 교육 플랫폼 http://yeep.kr
- 워크넷 http://www.work.go.kr
- 커리어넷 http://www.career.go.kr
- 커리어패스 http://path.career.go.kr
- 하이파이브 http://www.hifive.go.kr
- 학교 알리미 http://www.schoolinfo.go.kr

블록놀이	운동하기	고장 난 것 고치기	과학상자 조립하기	동물 보살피기
퀴즈나 수수께끼 풀기	내 주변 관찰하기	발명하기	어려운 문제 해결하기	과학 실험하기
글쓰기	악기 연주하기	노래하기	춤추기	그림 그리기
친구 이야기 들어주기	봉사 활동하기	친구의 기분 알아차리기	공부 도와주기	사람들과 이야기하기
학급에서 대표하기	발표하기	경쟁을 통해 이기기	다른 사람 설득하기	어떤 사실에 대해 설명하기
노트 정리하기	계획 세우기	사물함이나 책상 정리하기	표나 그래프 만들기	용돈 기입장 쓰기

언어 지능	력	이	고
어	부	다	하
즐	휘	기	풍
말	를	긴	하

심	고	가
관	리	이고
에	숫	많	를
논	지	논다	자

신체 운동 지능	이	균	체
몸	감	동	의
활	많다	각	형
고	좋	이	신

음악 지능	잘	을	화
각	음	종	넝
에	감	한	고
음	이	대	다

공간 지능	즐	하	기
를	그	고	즐
퍼	긴	를	이
다	리	놀	잘

자연
친화
지능

심 식 아

에 관 물 좋

동 한다 고 이

을 많 자 연

대인 관계 지능	른	십	도
람	다	잘	을
사	주	이	리
더	좋 다	와	고

자기 이해 지능	을	명	강
나	과	의	점
히	악	확	다
파	점	한	약

시선을 자주 마주치며 부드러운 목소리로 말한다.	친구가 싫어하는 주제를 선택한다.	친구가 말한 부분을 다시 표현해 준다.	내 말은 언제나 옳다는 신념을 가진다.	들으며 내용을 생각하고 정리한다.
친구의 말꼬리를 잡아서 이야기한다.	편안하고 따뜻한 표정을 짓는다.	말하는 친구의 감정에 공감을 표현해 준다.	친구의 이야기에 아무런 호응을 하지 않는다.	이해가 되지 않으면 조용히 되묻거나 질문을 한다.
친구가 이해하기 쉬운 말로 이야기한다.	칭찬, 격려, 공감 등 긍정적인 말을 많이 한다.	말하는 사람 쪽으로 몸을 기울인다.	처음부터 끝까지 내가 하고 싶은 이야기만 한다.	말하는 친구보다 다른 친구에게 관심을 보인다.
고개를 끄덕이거나 맞장구를 치면서 관심을 나타낸다.	딴 생각을 하고 있다가 다시 묻는다.	친구의 관심과 흥미에 초점을 맞춘다.	말하는 내용과 어울리는 몸짓과 표정을 한다.	비난, 경고 등 부정적인 말을 많이 한다.

빅데이터 전문가	노년 플래너	국제회의 기획자
임신 출산 육아 전문가	탄소배출권 거래 컨설턴트	여행 기획자
유휴 공간 활용 컨설턴트	로봇 공학자	기후 변화 컨설턴트
식품 융합 엔지니어	수질 환경 연구원	무인 자동차 엔지니어
신재생 에너지 전문가	모바일 콘텐츠 개발자	반려동물 행동 교정 전문가
다문화 코디네이터	3D 프린팅 소재 개발자	창직 컨설턴트
드론 정비사	환경 오염 분석가	사물인터넷 전문가
인공 지능 전문가	해양 에너지 기술자	홀로그램 전문가

강나루 쌤의
진로 수업 레시피

발행일	|	초판 3쇄 발행 2022년 1월 20일
지은이	|	강정임
발행인	|	신재석
발행처	|	(주)삼양미디어
주소	|	서울특별시 마포구 양화로 6길 9-28
전화	|	02) 335-3030
팩스	|	02) 335-2070
홈페이지	|	www.samyangM.com
정가	|	15,000원

* 이 책은 저작권법에 따라 보호받는 저작물이므로 무단전재와 복제를 금합니다.
* 이 책의 전부 또는 일부를 이용하려면 반드시 (주)삼양미디어의 동의를 받아야 합니다.
* 잘못된 책은 구입하신 곳에서 바꾸어 드립니다.